Traute Sommer-Otte

Studienführer Architektur – Innenarchitektur

Traute Sommer-Otte

Studienführer Architektur – Innenarchitektur

Lexika Verlag®

Die Deutsche Bibliothek – CIP-Einheitsaufnahme

Ein Titeldatensatz für diese Publikation ist bei
Der Deutschen Bibliothek erhältlich.

Lexika Verlag erscheint bei Krick Fachmedien GmbH + Co. KG, Würzburg

Textgestaltung: Walter Typografie & Grafik GmbH, Würzburg
Druck: Schleunungdruck, Marktheidenfeld
Printed in Germany
ISBN 3-89694-280-8

Inhaltsverzeichnis

I VOR DEM STUDIUM

1 Berufswahl – wie soll ich mich entscheiden?

Die Entscheidung für einen Beruf ist ein Prozess, der sehr viel Zeit in Anspruch nimmt. Was muss ich tun, damit meine Berufswahl kein Zufallsprodukt wird? – Soll ich studieren? – Wenn ja, was soll ich studieren? – Wo liegen meine Hauptinteressen? – Habe ich besondere Fähigkeiten? – Zu welchen Studiengängen passen meine Interessen und Fähigkeiten? – Wie stelle ich mir meine berufliche Zukunft vor?

Wer vor der Berufswahl steht, wird sich mit solchen Fragen beschäftigen und Antworten darauf suchen. Berufswahl sollte keine Sache der schnellen Entscheidung sein. Es gilt, sich selbst zu erkunden, seinen eigenen Standort zu definieren, Informationen zu sammeln, auszuwerten und in den Entscheidungsprozess einzubringen.

- In einem ersten Schritt müssen Sie sich mit Ihrer individuellen Persönlichkeitsstruktur befassen, Sie müssen sich daranmachen, Ihre eigenen Wertvorstellungen zu benennen und Ihre persönlichen berufsbezogenen Zielvorstellungen zu entwickeln.
- Im zweiten Schritt beschäftigen und informieren Sie sich über Berufe, Ausbildungsgänge und Studieninhalte und definieren in diesem Zusammenhang Ihre Interessen und Fähigkeiten.
- Im dritten Schritt gleichen Sie das Anforderungsprofil Ihres Wunschberufs – hier Architekt/Innenarchitekt – mit Ihren Interessen, Fähigkeiten und Fertigkeiten ab.

! Denken Sie daran, dass Ihre persönlichen Merkmale, Wertvorstellungen und Lebensziele zu Ihrer Berufswahl passen sollen!

Beginnen Sie mit Ihren persönlichen Interessen, Fähigkeiten und Wünschen: Blättern Sie nicht einfach weiter, nehmen Sie einen Stift zur Hand und halten Sie Ihre Antworten auf die folgenden Fragen schriftlich fest.

Checkliste Interessen, Fähigkeiten und Wünsche

☐ In welchen Bereichen habe ich besondere Fähigkeiten?

....

....

Checkliste Interessen, Fähigkeiten und Wünsche

- ☐ Wo liegen schwerpunktmäßig meine Interessen?

  ....

  ....

- ☐ Meine typischen Eigenschaften (z. B. fantasiebegabt, fleißig, individualistisch)

  ....

  ....

- ☐ Meine Stärken:

  ....

  ....

- ☐ Meine Schwächen:

  ....

  ....

- ☐ Habe ich Hobbys, die meine Berufswahl beeinflussen können?

  ....

  ....

- ☐ Habe ich insgeheim einen Traumberuf – wenn ja, welchen?
  (Ein Traumberuf muss nicht unbedingt der sein, den man realisieren möchte!)

  ....

  ....

- ☐ Gibt es einen anderen Berufswunsch, den ich wieder verworfen habe?
  Wenn ja, welchen?

  ....

  ....

- ☐ Welche Lebensziele habe ich?

  ....

  ....

- ☐ Welchen Stellenwert soll der Beruf in meinem zukünftigen Leben einnehmen?

  ....

  ....

Bedenken Sie aber, dass es bei der Berufswahlentscheidung nie eine 100%ige Sicherheit geben kann. Dazu Professor Dr. Bernd-Joachim Ertelt (Professor an der Fachhochschule der Bundesanstalt für Arbeit): „Kein Abiturient kann wissen, ob er sich in einem von ihm in die nähere Wahl gezogenen Beruf einmal wohl fühlen wird. Wie ein bestimmtes berufliches Umfeld zu seiner Persönlichkeit passt und ob er seine Interessen, Ziele und Wertvorstellungen hier verwirklichen kann, kann nur bedingt prognostiziert werden. Die Berufsentscheidung ist immer eine Entscheidung unter Informationsunsicherheit.“ (Aus: abi Berufswahl-Magazin, 5/2000, S. 25)

2 Aufgaben und Tätigkeitsfelder

2.1 Architekten

„Zwei Seelen wohnen ach in meiner Brust", dieses Goethe-Zitat eignet sich bestens zur Charakterisierung des Architektenberufs, denn Architekten sind:

- Generalisten und Spezialisten zugleich,
- Kreativ-Schaffende, die an viele Normen gebunden sind,
- Visionäre und Realisten zugleich.

Was ist damit gemeint? – Der Entwurf des Architekten ist einerseits Ausdruck seiner individuellen Kreativität – herausragende Architekten sind an „ihrer Handschrift" zu erkennen. Bauwerke sind immer auch Exponate; es sind künstlerische Unikate, die allerdings auch zum Serienprodukt werden können. Jede Epoche hat ihre eigenen Werte und Normen, Schönheitsideale, spezifische ästhetische Vorstellungen. Ein Architekt entwirft selten unbeeinflusst von den gesellschaftlichen Strömungen seiner Zeit. Wer als Architekt arbeitet, wird absichtlich oder auch unabsichtlich an der Gestaltung des Baustils seiner Zeit mitwirken.

Architekten sind – wie alle Fachleute, die an der Entstehung eines Bauwerks mitwirken – an eine Vielzahl von rechtlichen Normen und Vorschriften gebunden. Dabei trägt der Architekt die Verantwortung für die Einhaltung aller Bauvorschriften und -normen. Architekten müssen sich beim Entwurf und bei der Bauausführung sowohl ökonomischen und sozialen als auch ökologischen Zwängen unterwerfen. Da entwirft ein Architekt z.B. Sozialwohnungen für kinderreiche Familien: Seinen Idealvorstellungen entsprechend, würde er vielleicht große Kinderzimmer und eine große Küche planen, sich an den Wohnbedürfnissen von Familien mit lebhaften Kindern orientieren. Ökonomische Zwänge, geringer Siedlungsraum in Ballungszentren u.v.a.m. werden ihm aber eine Kompromisslösung abverlangen.

Der Architekt muss seine individuellen Visionen an der Machbarkeit ausrichten. Er ist kein freischaffender Künstler – Prüfstein des Entwurfs ist die Ausführbarkeit. Am Beginn einer Arbeit mag die visionäre Planung stehen, der letztendlich realisierte Entwurf wird ein „Kompromiss mit der Wirklichkeit" sein. – So ist die Planung auch abhängig vom zu verarbeitenden Material. Dazu schreibt Professor Johann Eisele, Diplom-Ingenieur und Hochschullehrer im Fachgebiet Entwerfen und Baugestaltung an der Technischen Universität Darmstadt: „Bauen ist künstlich

Geschaffenes – ebenso wie Musik oder Literatur von Menschen gemacht – und unterscheidet sich dennoch von diesen und vielen anderen künstlichen Werken dadurch, dass Bauen stofflich ist: Material wird geformt und bedarf der Konstruktion, wenn es halten soll. Konstruktion und Material sind also beim Bauen die zwei unabdingbaren Faktoren, die die Gestalt beeinflussen." (Aus: Fachbereichsbroschüre Architektur der TU Darmstadt, S.20)

Nicht zu vergessen ist die Abhängigkeit vom Bauherrn, die oft genug ein hohes Maß an Frustrationstoleranz fordert, dazu ein – vielleicht nicht ganz alltägliches – aber recht anschauliches Beispiel: Axel Schultes, Architekt des Berliner Bundeskanzleramts, muss sich der Situation stellen, dass der Bauherr für den er entworfen hat, nicht mehr der Bauherr ist, der einziehen muss – geplant war der Bau für Altbundeskanzler Kohl, eingezogen ist nach der politischen Wachablösung Bundeskanzler Gerhard Schröder. Diesem ist der Bau zu groß, er mag lieber Altbauten, er hat sich nicht einmal für die Pläne oder gar für die dazugehörigen Erläuterungen des Architekten interessiert.

Architekten planen, entwerfen und konstruieren Hochbauten und städtebauliche Anlagen. Je komplexer ein Bauprojekt ist, desto größer ist die Wahrscheinlichkeit, dass Planer anderer Disziplinen beteiligt sind – z. B. Städteplaner, Raumplaner, Landschaftsarchitekten und Innenarchitekten. Ein möglichst reibungsloses projekt- und ergebnisorientiertes Arbeiten setzt ein hohes Maß an Kompromissbereitschaft, Teamfähigkeit und Koordinierungsfähigkeit voraus. Dies gilt auch für die Zusammenarbeit mit den Auftraggebern. Auftraggeber können Privatleute, Wirtschaftsunternehmen, vertreten durch den Vorstand oder entsprechende Gremien, oder die öffentliche Hand, vertreten durch Amtsleiter und vergleichbare Entscheidungsträger, sein. Der Architekt muss also mit den unterschiedlichsten Personenkreisen verhandeln können; er muss seinen Entwurf ggf. vor einem großen anspruchsvollen Gremium präsentieren können. Baut er für eine Kommune, muss er die Instanzenwege kennen.

Das Anforderungsspektrum ist vielschichtig – nicht zufällig wurde der Architekt auf den vorhergehenden Seiten „janusköpfig" als hoch spezialisierter Generalist charakterisiert. Die Fähigkeit, wirtschaftlich zu planen und zu bauen, wurde bereits erwähnt. Als Freiberufler ist der Architekt für die ordnungsgemäße Rechnungsstellung und Abrechnung seiner Leistungen zuständig. Dabei ist die Honorarhöhe und die Definitionen seiner Arbeitsleitungen kein „Zufallsprodukt". Es gibt eine Honorarordnung für Architekten und Ingenieure (HOAI), in der alle Tätigkeiten und ihre Bewertung detailliert aufgelistet sind. Dieses wichtige bzw.

wichtigste verbindliche Regelwerk für Architekten definiert Arbeitsschritte, Leistungen und Kosten.

Im Sinne der HOAI gehört zur Planungsphase u. a.:
- Die Projektvorbereitung,
- die Entwurfsplanung,
- der detaillierte, häufig überarbeitete Entwurf und
- das Einholen aller erforderlichen Genehmigungen (z. B. beim Bauamt).

Im Einzelnen kann dies u. a. bedeuten Standortanalysen zu erstellen, Umwelterheblichkeit und Umweltverträglichkeit der Planung zu prüfen, Betriebsplanungen auszuarbeiten, Raum- und Funktionsprogramme zu entwickeln u.v.a.m.
Ist sein Auftraggeber/der Bauherr mit dem Entwurf voll zufrieden, hat er alle Genehmigungen eingeholt oder gar erkämpft, geht der Architekt daran, den Plan zu realisieren.

In der HOAI §15 „Leistungsbild Objektplanung für Gebäude, Freianlagen und raumbildende Ausbauten“ sind die Tätigkeiten Entwurfsplanung, Ausführungsplanung und Bauüberwachung näher beschrieben. Hier wird u. a. definiert:

„... Entwurfsplanung (System- und Integrationsplanung)
- Durcharbeiten des Planungskonzeptes (stufenweise Erarbeitung einer zeichnerischen Lösung) unter Berücksichtigung städtebaulicher, gestalterischer, funktionaler, technischer, bauphysikalischer, wirtschaftlicher, energiewirtschaftlicher (zum Beispiel hinsichtlich rationeller Energieverwendung und der Verwendung erneuerbarer Energien) und landschaftsökologischer Anforderungen unter Verwendung der Beiträge anderer an der Planung fachlich Beteiligter bis zum vollständigen Entwurf
- Integrieren der Leistungen anderer an der Planung fachlich Beteiligter
- Objektbeschreibung mit Erläuterung von Ausgleichs- und Ersatzmaßnahmen nach Maßgabe der naturschutzrechtlichen Eingriffsregelung
- Zeichnerische Darstellung des Gesamtentwurfs, zum Beispiel durchgearbeitete, vollständige Vorentwurfs- und/oder Entwurfszeichnungen (Maßstab nach Art und Größe des Bauvorhabens; bei Freianlagen: im Maßstab 1:500 bis 1:100, insbesondere mit Angaben zur Verbesserung der Biotopfunktion, zu Vermeidungs-, Schutz-, Pflege- und Entwicklungsmaßnahmen sowie zur differenzierten Bepflanzung; bei raumbildenden Ausbauten: im Maßstab 1:50 bis 1:20, insbesondere mit Einzelheiten der Wandabwicklungen, Farb-, Licht- und Materialgestaltung), ggf. auch Detailpläne mehrfach wiederkehrender Raumgruppen

- Verhandlungen mit Behörden und anderen an der Planung fachlich Beteiligten über die Genehmigungsfähigkeit
- Kostenberechnung nach DIN 276 oder nach dem wohnungsrechtlichen Berechnungsrecht
- Kostenkontrolle durch Vergleich der Kostenberechnung mit der Kostenschätzung
- Zusammenfassen aller Entwurfsunterlagen

(...)

Ausführungsplanung
- Durcharbeiten der Ergebnisse der Leistungsphasen 3 bis 4 (stufenweise Erarbeitung und Darstellung der Lösung) unter Berücksichtigung städtebaulicher, gestalterischer, funktionaler, technischer, bauphysikalischer, wirtschaftlicher, energiewirtschaftlicher (zum Beispiel hinsichtlich rationeller Energieverwendung und der Verwendung erneuerbarer Energien) und landschaftsökologischer Anforderungen unter Verwendung der Beiträge anderer an der Planung fachlich Beteiligter bis zur ausführungsreifen Lösung
- Zeichnerische Darstellung des Objekts mit allen für die Ausführung notwendigen Einzelangaben, zum Beispiel endgültige, vollständige Ausführungs-, Detail- und Konstruktionszeichnungen im Maßstab 1:50 bis 1:1, bei Freianlagen je nach Art des Bauvorhabens im Maßstab 1:200 bis 1:50, insbesondere Bepflanzungspläne, mit den erforderlichen textlichen Ausführungen
- Bei raumbildenden Ausbauten: detaillierte Darstellung der Räume und Raumfolgen im Maßstab 1:25 bis 1:1 mit den erforderlichen textlichen Ausführungen
- Materialbestimmung
- Erarbeitung der Grundlagen für die anderen an der Planung fachlich Beteiligten und Integrierung ihrer Beiträge bis zur ausführungsreifen Lösung
- Fortschreiben der Ausführungsplanung während der Objektausführung

(...)

Objektüberwachung (Bauüberwachung)
- Überwachen der Ausführung des Objekts auf Übereinstimmung mit der Baugenehmigung oder Zustimmung, den Ausführungsplänen und den Leistungsbeschreibungen sowie mit den allgemein anerkannten Regeln der Technik und den einschlägigen Vorschriften
- Überwachen der Ausführung von Tragwerken nach § 63 Abs. 1 Nr. 1 und 2 auf Übereinstimmung mit dem Standsicherheitsnachweis
- Koordinieren der an der Objektüberwachung fachlich Beteiligten
- Überwachung und Detailkorrektur von Fertigteilen
- Aufstellen und Überwachen eines Zeitplanes (Balkendiagramm)
- Führen eines Bautagebuches

- Gemeinsames Aufmaß mit den bauausführenden Unternehmen
- Abnahme der Bauleistungen unter Mitwirkung anderer an der Planung und Objektüberwachung fachlich Beteiligter unter Feststellung von Mängeln Rechnungsprüfung
- Kostenfeststellung nach DIN 276 oder nach dem wohnungsrechtlichen Berechnungsrecht
- Antrag auf behördliche Abnahmen und Teilnahme daran
- Übergabe des Objekts einschließlich Zusammenstellung und Übergabe der erforderlichen Unterlagen, zum Beispiel Bedienungsanleitungen, Prüfprotokolle
- Auflisten der Gewährleistungsfristen
- Überwachen der Beseitigung der bei der Abnahme der Bauleistungen festgestellten Mängel
- Kostenkontrolle durch Überprüfen der Leistungsabrechnung der bauausführenden Unternehmen im Vergleich zu den Vertragspreisen und dem Kostenanschlag“

Kreativ planend arbeitet der Architekt beim Entwurf. Leitend, organisierend, beratend bei der Ausführung bzw. bei der Vorbereitung der Ausführung.
Er entwickelt Visionen, entscheidet sich für Baumaterialien, konstruiert und zeichnet Entwürfe, baut Modelle, überprüft den Entwurf auf Machbarkeit, stellt die Einhaltung der einschlägigen baurechtlichen Bestimmungen sicher, bestimmt die zu verwendenden Baustoffe (unter Berücksichtigungen der neuesten Entwicklungen), verhandelt mit den verschiedenen am Bau beteiligten Partnern, koordiniert und kontrolliert Arbeitsabläufe, berücksichtigt und realisiert Änderungswünsche des Bauherrn.

All diese Aufgaben und Tätigkeiten fallen sowohl beim Bau eines kleinen Einfamilienreihenhauses als auch beim Bau eines großen Gebäudekomplexes für einen Industriebetrieb an. Der Architekt muss sich auf die unterschiedlichsten Ansprüche von Auftraggebern und Gesprächspartnern einstellen können. Individuelle Gestaltungsvorstellungen muss er ebenso berücksichtigen wie ökonomische Grenzen. Er muss sich mit einem hohen Maß an Verbindlichkeit auf die Anliegen einlassen können und er muss eine Vertrauensbasis schaffen können.

Der Erfolg seiner Arbeit hängt nicht nur vom guten Entwurf und vom guten Zusammenspiel zwischen Architekt und Bauherrn ab. Maßgeblich für den Erfolg ist auch die Fähigkeit, die ausführenden Mitarbeiter zur motivieren und bei ihnen Eigenverantwortlichkeit zu wecken. Ohne die qualifizierte Arbeit von Maurern, Zimmerleuten, Fliesenlegern, Elektroinstallateuren, Gas- und Wasserinstallateuren u.v.a.m. ist keine gute Bauqualität zu gewährleisten.

Der Baualltag bringt für den Architekten nicht selten Dauerstress mit sich. Ärger mit Bauherren, Handwerkern und Behörden, geplatzte Termine oder falsche Materiallieferungen sind nur einige der typischen Belastungsfaktoren. Ein kreativer, planerisch guter Architekt kann scheitern, wenn er nicht über ausgeprägte Belastbarkeit und ein hohes Maß an sozialer Kompetenz wie Team-, Konflikt-, Führungs- und Entscheidungsfähigkeit verfügt. Unerlässlich sind auch ein hohes Maß an Ausdrucks- und Präsentationsvermögen.

Freiberufler sind entweder als Einzelkämpfer oder mit Partnern tätig. Die Größe des Mitarbeiterstabs ist sehr unterschiedlich. Ein großes Team kann sich aus mehreren Architekten, Bauingenieuren, Bautechnikern, Bauzeichnern und Bürofachkräften zusammensetzen. Die Auftragspalette ist vielfältig: Sozialer Wohnungsbau, Sakralbauten, Krankenhäuser, andere Nutzbauten wie Reit- oder Turnhallen, Industriegebäude, luxuriöse Ferienwohnanlagen, kleine und große frei stehende Privathäuser, Reihenwohnhaus-Anlagen u.v.a.m.
Die regionale Reichweite der Arbeitsaufträge eines Architekturbüros hängt nicht zuletzt von seiner Reputation ab. Ein Aachener Architekturbüro kann durchaus für einen Berliner oder Züricher oder Londoner Bauherrn tätig werden. Wie und wo kann ein Architekt sich „einen Namen" machen, um auch überregional beachtet zu werden? Er wird sich an so genannten Architekturwettbewerben beteiligen. Die Krönung einer Wettbewerbsbeteiligung ist natürlich der Auftrag; auch ein wichtiger Zweck der Teilnahme ist, mit viel Geduld und Ausdauer den eigenen Namen/das Büro bekannt zu machen. Auch wenn die Wettbewerbe sehr streng reglementiert sind, um die Chancengleichheit zu gewährleisten, können die Ausgangsbedingungen dennoch ungleich sein. Da treten so manches Mal „David und Goliath" gegeneinander an: Der unbekannte Einzelkämpfer gegen das große Architekturbüro, das sich eigens ein Team, nur für Wettbewerbe, leistet.

Die Abbildungen auf den folgenden Seiten geben einen Einblick, wie komplex die Aufgabenstellung eines Wettbewerbs sein kann. Das Architekturbüro Quintiliani & Quintiliani hat an einem Wettbewerb teilgenommen, bei dem es darum ging, eine alte Tuchfabrik aus-, neu- bzw. umzubauen, und das dazugehörige städtebauliche Konzept, das Verkehrskonzept und ein Nutzungskonzept zu entwickeln und zu beschreiben:

Abb. 1: Alte Tuchfabrik – Wettbewerbsmodell Blick von Westen

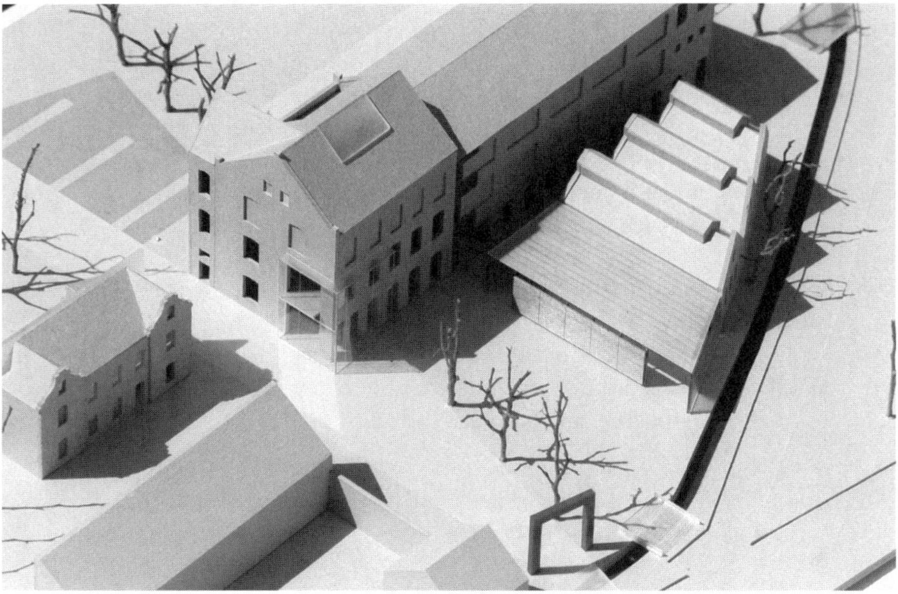

Abb. 2: Alte Tuchfabrik – Wettbewerbsmodell Blick von Nord-Ost

*Abb. 3:
Alte Tuchfabrik –
Grundrisse und
Querschnitte*

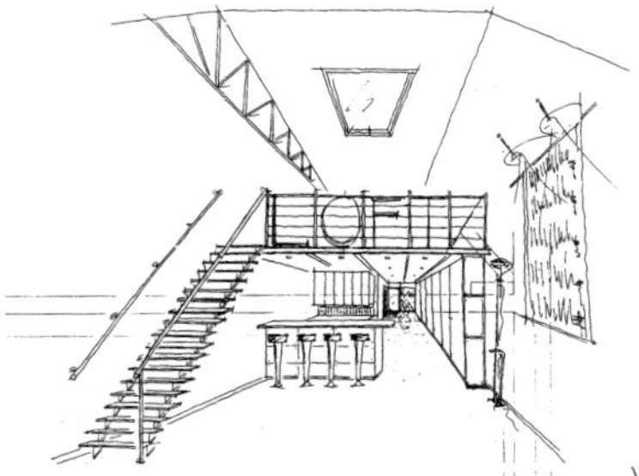

Maisonettewohnungen unterschiedlicher Größe, je nach Fassadenraster. Die Wohnungen können über einen Laubengang erschlossen werden. Eine Loggia im Süden bietet sich an.

Wesentlichre Bestandteil der Gastronomie ist der Wintergarten an der Südseite des Gebäudes. Dieser neue Bestandteil schafft die gestalterische und funktionale Verbindung der einzelnen Erdgeschossflächen und bietet zudem eine reizvolle Erweiterung dieser Flächen zum Park (Biergarten).

Das Herz der Brauerei ist der zweigeschossige Galeriebereich im Kopfhaus mit dem Blocksudwerk und den Biertanks, die über zwei Geschosse reichen.

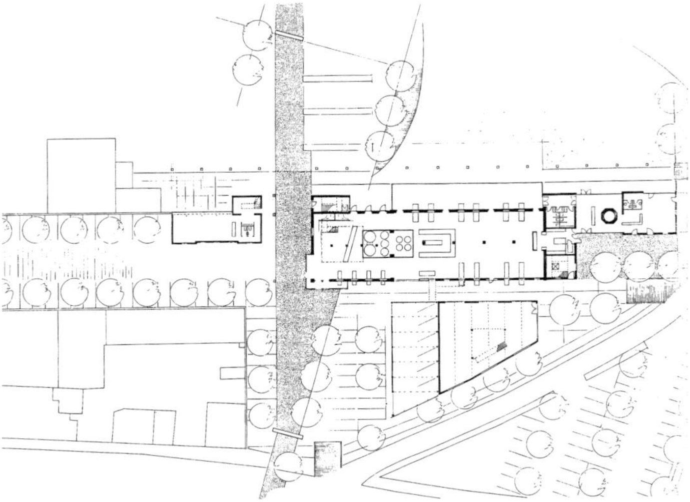

GRUNDRISS ERDGESCHOSS M1:200

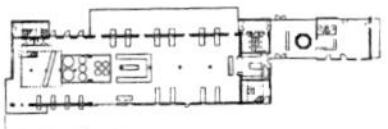

NEBENRÄUME
Küche/Sanitär

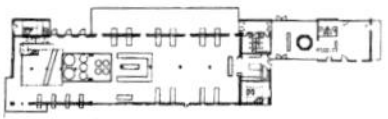

BRAUKUNST
Lage der Braukessel

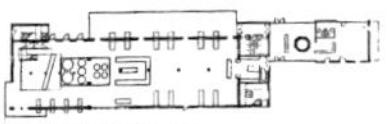

NUTZUNG TAG/NACHT
Brauhaus/Nachtbar

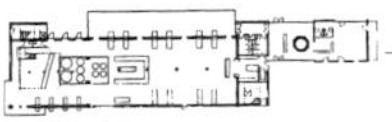

SKIZZE STADTTOR
DURCHWEGUNG
Eingang und Durchgang
zum Gastraum

SKIZZE

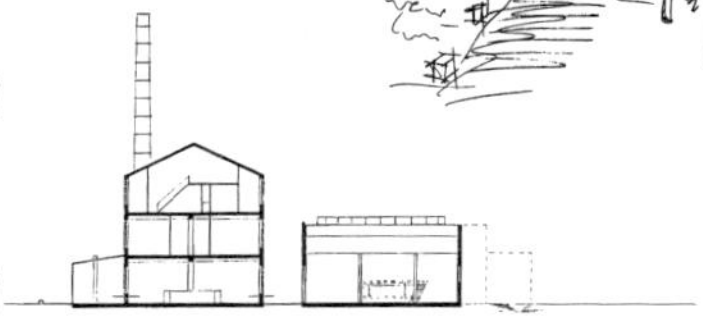

QUERSCHNITT HALLE/SHEDHALLE M1:200

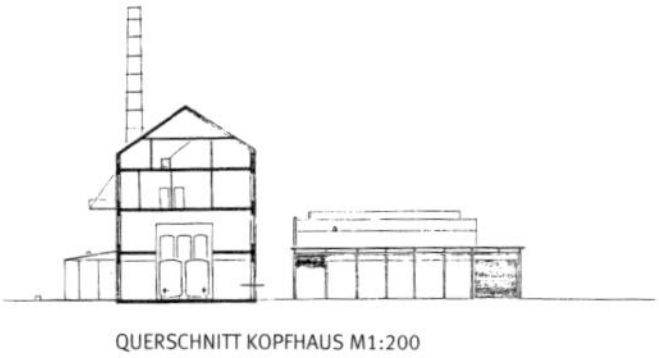

QUERSCHNITT KOPFHAUS M1:200

Abb. 4:
Alte Tuchfabrik –
Innenräume

ANSICHT NORD M1:200

Architekturbüros übernehmen auch Gutachten und Beratungstätigkeiten, z. B. für Versicherungen, Geldinstitute oder im Rahmen gerichtlicher Auseinandersetzungen.
Nicht alle Architekten sind freiberuflich tätig. Im Angestelltenverhältnis arbeiten sie z. B. als Mitarbeiter in einem Architekturbüro oder sie sind in der Bauwirtschaft/-industrie gestalterisch-konstruktiv oder auch im Management tätig. Wer im Verlauf des Studiums merkt, dass er mehr organisatorisch-betriebswirtschaftliche Fähigkeiten hat, sollte sich durchaus in der Bau- und Wohnungswirtschaft umschauen. Überwiegen dagegen die Interessen in den Bereichen Orts-, Regional- und Landesplanung ist – ggf. nach einem entsprechenden Aufbaustudium – eine Tätigkeit im öffentlichen Dienst bei Kommunen, Städten, Landkreisen usw. anzustreben (hier ist neben den fachlichen Kernqualifikationen verstärktes Interesse an politischem Geschehen und an Rechtsfragen erwünscht). Im öffentlichen Dienst sind Architekten z. B. in Planungsämtern, im Baurechtsamt, in Bauaufsichtsämtern, in Stadtentwicklungsämtern mit Planungen und Fachplanung zur Infrastrukturentwicklung, zur Sanierung und Modernisierung, zur Flächennutzungs- und Bebauungsplanung und entsprechenden Aufsichtsarbeiten betraut.

In der Stadtplanung arbeitende Architekten befassen sich weniger mit dem Entwurf, der Gestaltung und Realisierung von einzelnen Hochbauprojekten; sie konzentrieren sich auf Projekte wie Stadtteilplanung, Stadtbildgestaltung und Planung von Industriegebieten. Ihre Planungen und Problemlösungsvorschläge betreffen Fragen der kommunalen und regionalen Verkehrsführung, Fragen der Ver- und Entsorgung (Gas, Strom, Wasser, Abwasser). Sie gewährleisten, dass Vorgaben aus Bodenordnung, Natur- und Landschaftsschutz eingehalten werden. Stadtplaner betreiben zumeist Langfristplanung. Ihre Realisierungszeiträume können durchaus ein bis zwei Jahrzehnte umfassen. Sie sind mit ihrer Arbeit in den (kommunal-) politischen Entscheidungsprozess eingebunden. Der Stadtplaner ist ein Berater für Entscheidungsträger in Politik und Verwaltung. Außer Kenntnissen in Geographie und Raumplanung sind einschlägige Rechtskenntnisse sowie die Vertrautheit mit sozialwissenschaftlichen Denk- und Planungsinstrumentarien erforderlich.

Ganz gleich, was im Architekturbüro entworfen wird, ohne Datenverarbeitung, ohne PC-Software für Architekten geht (fast) nichts mehr. CAD (Computer-Aided-Design) ist aus den meisten Architekturbüros nicht mehr wegzudenken. Die Arbeit mit dem Computer ermöglicht nicht nur zeitökonomisches Zeichnen und Ändern von Entwürfen, sondern vielmehr eine Konstruktionskomplexität und Gestaltungsmöglichkeit, die vor wenigen Jahrzehnten noch undenkbar gewesen wären. CAD ersetzt jedoch nicht das Anschauungs-/Architekturmodell, keine geschriebenen kommentierenden Texte, keinen mündlichen Vortrag bei der Präsentation und schon gar nicht die Idee, die Vision, die Kreativität.

Da die Architektur in der Regel als Ingenieurdisziplin (wenn auch besonderer Art) definiert ist, werfen wir einmal einen Blick auf die Schlüsselqualifikationen, die in Wirtschaft und Industrie von Jungingenieuren erwartet werden (die Angaben entstammen einer Unternehmensbefragung des Deutschen Instituts der Wirtschaft (DIW)):

- Lernfähigkeit
- Lernbereitschaft
- Selbstständigkeit
- Teamfähigkeit
- Entscheidungsfähigkeit
- Konfliktfähigkeit
- Durchsetzungsvermögen
- Führungsfähigkeit
- Präsentationsfähigkeit
- Frustrationstoleranz
- Rhetorische Gewandtheit

Checkliste Schlüsselqualifikationen

☐ Welche von den genannten Schlüsselqualifikationen besitzen Sie bereits?

....

....

☐ Welche Schlüsselqualifikationen haben Sie noch nicht?

....

....

☐ Welche müssen Sie sich noch erarbeiten?

....

....

An den meisten Hochschulen werden im Rahmen von „Außerfachlichen Lehrveranstaltungern“ (AFL) Seminare zur Persönlichkeitsbildung angeboten (z. B. Rhetorik, Entscheidungsseminare). Nutzen Sie diese Chance. Planen Sie in Ihr Studium „Extras“ ein! Dazu sollte auch die Pflege und Erweiterung Ihrer Fremdsprachenkenntnisse – zumindest Englisch – gehören! Ein Auslandsaufenthalt während des Studiums kann ebenfalls Pluspunkte bringen.

Architekten und Architekturstudenten werden mit Anforderungen aus verschiedenen Wissenschaften und Fachgebieten konfrontiert. Kerntätigkeit ist die Objektplanung und Objektrealisierung im Hochbau. Gleichzeitig sind für die architektonische Arbeit Grundkenntnisse aus verschiedenen Nachbardisziplinen und Fachgebieten unerlässlich. Dazu gehören:

- Raumplanung
- Regionalplanung
- Städteplanung
- Landschaftsarchitektur/Gartenbau/Ökologie
- Wirtschaftswissenschaften
- Sozialwissenschaften
- Kulturwissenschaften
- Bildende Kunst/Design
- Bauingenieurwesen
- Rechtswissenschaften
- Verwaltungswissenschaften

Selbstverständlich kann ein Architekt nicht Fachmann auf all diesen Gebieten sein. Er wird Schwerpunkte setzen müssen. Als Mindestanforderung gilt, dass der Architekt für Fachleute aus den genannten Bereichen ein kompetenter Gesprächspartner ist. Ein besonderes Maß an Kooperationsfähigkeit wird ihm dort abverlangt, wo sich seine Kernaufgaben mit anderen Disziplinen überschneiden und gemeinsame Lösungen zu erarbeiten sind.

Bei der Berufswahlentscheidung „Architektur“ orientieren sich manche an der Faustformel:

Mathematik + Kunst = Architektur

oder – so die Headline eines entsprechenden Beitrags im Berufswahlmagazin „abi“:

„Statik und Ästhetik“ = Architektur

Eine herausragende Rolle spielt das konstruktive Denken; ebenso wichtig ist die Fähigkeit der dreidimensionalen Gestaltung, denn was wäre die Architektur ohne Architekturmodelle? Bereits im Grundstudium werden recht hohe Ansprüche an die Studierenden gestellt, wenn es um Modellbau und Präsentation geht.

Die Abbildungen zeigen das Modell eines baukonstruktiven Entwurfs. Eine Teamarbeit von zwei Studentinnen, im Grundstudium 3./4.Semester; gefordert war: Entwurf und Modellbau eines Ausstellungspavillions für den Rudersport.

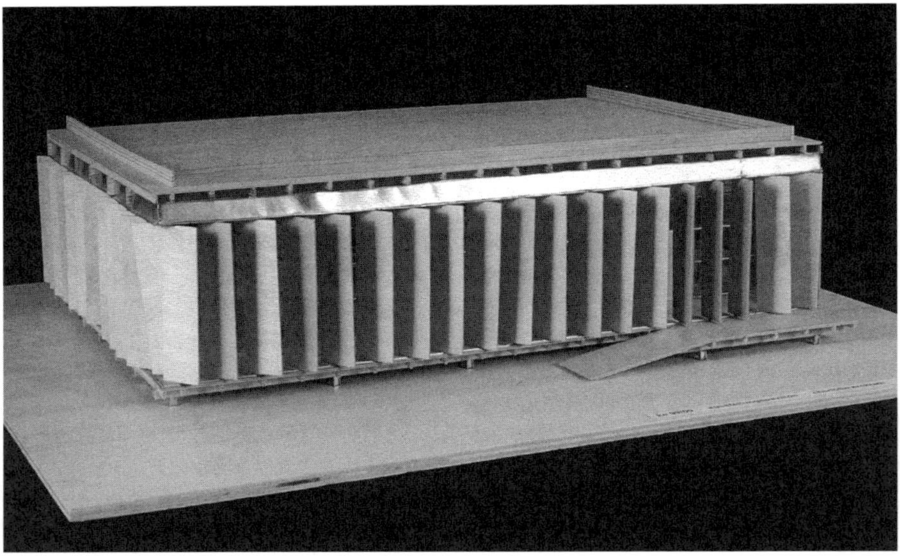

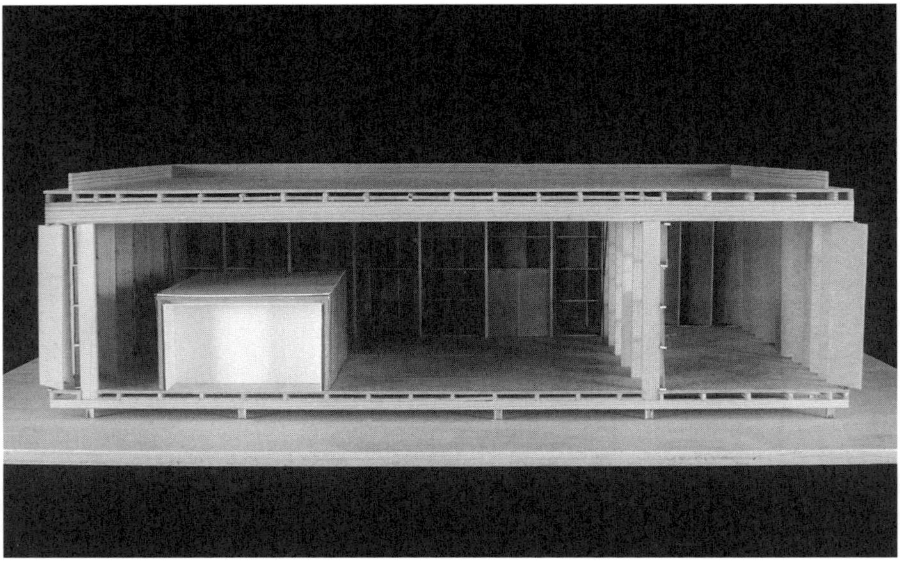

Passen meine Interessen und Fähigkeiten zum Beruf des Architekten?

Die Architektur – sowohl im Studium als auch im Beruf – fordert eine vielschichtige Persönlichkeitsstruktur mit zum Teil sehr unterschiedlichen Fähigkeiten. Zum Anforderungsprofil gehören – wie auf den vorhergehenden Seiten dargestellt – recht unterschiedliche Eigenschaften, Kenntnisse, Fähigkeiten und Fertigkeiten.

Mit Hilfe des folgenden Schemas können Sie Ihr persönliches Profil erarbeiten. Schreiben Sie „+++" hinter die Vorgabe, wenn diese voll für Sie zutrifft, schreiben Sie „++", wenn die Vorgabe gut zutrifft, „+", wenn sie zutrifft und schreiben Sie „–", wenn die Vorgabe für Ihre Person unzutreffend ist. Je mehr „+++" Sie haben, desto besser für Ihre Studienfachwahl Architektur!

✔ Checkliste Fähigkeiten	+++	++	+	–
Kreativität				
Toleranz				
Geduld				
Flexibilität				
Einfühlungsvermögen				
Psychische Belastbarkeit				
Überzeugungsfähigkeit				
Kontaktfähigkeit				
Entscheidungsfähigkeit				
Teamfähigkeit				
Abstraktionsvermögen				
Verhandlungsgeschick				
Mathematische Denkfähigkeit				
Analytisch-synthetische Denkfähigkeit				
Räumliches Vorstellungsvermögen				
Gute Geometriekenntnisse				
PC-Kenntnisse				
„Einen Blick für das Wesentliche haben"				
Unter Zeitdruck arbeiten können				
Beraten können (nicht überreden)				

Checkliste Fähigkeiten	+++	++	+	–
Mitarbeiter/Auftragnehmer motivieren, anleiten, führen können				
Betriebswirtschaftlich denken und kalkulieren können				
Sich gerne in neue Themen einarbeiten/Fachliteratur lesen				
Alleine/selbstständig arbeiten können				
Handwerkliche Fähigkeiten/Spaß am Modellbau				
„Wetterfest“ sein				

In der folgenden Checkliste geht es um Themenbereiche und andere Wissenschaftsgebiete, die an die Architektur angrenzen bzw. Bestandteil der Architektur sind. Kreuzen Sie die Bereiche an: „+++“ = starkes Interesse, „++“ = Interesse, „+“ = geringes Interesse, „–“ = kein Interesse

Checkliste Interessen	+++	++	+	–
Kunstgeschichte				
Visuelle Kommunikation				
Umweltplanung				
Sozialwissenschaften				
Betriebswirtschaft				
Psychologie				
Klimakunde				
Baurecht				
Management				
Beratung				
Forschung				
Innenarchitektur				
Baugeschichte				
Farbgestaltung				

Überwiegen die Kreuze in Spalten 3 und 4, sollten Sie Ihre Berufswahlentscheidung noch einmal kritisch überprüfen.

Die möglichen Tätigkeitsfelder des Architekten sind ebenso vielschichtig wie das Anforderungsprofil. Architekten sind typisch tätig als:
- Freiberufler (mit eigenem Architekturbüro)
- Angestellte in Architektur-/Planungsbüros
- Freiberufliche Gutachter/Sachverständige
- Angestellte Gutachter/Sachverständige
- Angestellte in der Bauwirtschaft
- Angestellte oder Beamte bei Behörden/im öffentlichen Dienst
- Angestellte bei Wohnungsbaugesellschaften
- Angestellte bei Immobiliengesellschaften
- Angestellte oder Beamte in Hochschullehre und -forschung

In den genannten Tätigkeitsfeldern sind die Aufgaben und Anforderungen an den Architekten recht unterschiedlich. Etwas mehr als die Hälfte aller in der Bundesrepublik Deutschland tätigen Architekten arbeitet als freischaffender Hochbauarchitekt.
Arbeitet ein Architekt im Bereich Bauverwaltung des Bundes, der Länder oder auf kommunaler bzw. Kreisebene wird er – soweit er nicht mit öffentlichen Baumaßnahmen befasst ist – in Bauaufsichtsbehörden beratend, prüfend und genehmigend tätig sein, also weniger kreativ-gestaltend als vielmehr verwaltend. In Industrie und Wirtschaft kann er sowohl im Entwurf als auch im geschäftsführenden Aufgabenbereich eingesetzt sein. Letzteres kann bedeuten, dass er vorrangig betriebswirtschaftlich-orientierte Tätigkeiten übernimmt.

Einen Überblick über die quantitative Verteilung auf die genannten Beschäftigungsverhältnisse gibt die Statistik der Bundesarchitektenkammer auf Seite 138 f.

2.2 Innenarchitekten

Vorbemerkung: Sinngemäß gilt vieles, was auf den vorherigen Seiten über den Architekten gesagt wurde, auch für den Innenarchitekten. Unter diesem Aspekt sind die folgenden Seiten eher als Ergänzung mit Wiederholung zu verstehen.

„Sinn und Zweck aller Bauaufgaben ist es, Gebäude für den Menschen nutzbar zu machen. Eine ganz besondere Rolle spielt da das Innere eines Hauses, seine Räume. Räume nutzbar zu machen bedeutet, sie so zu formen und zueinander zu ordnen, so zu differenzieren und zu erschließen, so auszustatten und einzurichten, so zu belichten und zu beleuchten, sie so zu beschaffen und wirken zu lassen, dass der Mensch sich darin wohl fühlt", so beschreibt Diplom-Ingenieur Innenarchitekt Rainer Hilf (in BM-Extra Karriere, Ausgabe 1999, S.110) das Ziel innenarchitektonischen Arbeitens.

Innenarchitekten streben danach, Innenräume/Lebenswelten so zu gestalten, dass die Bewohner/Nutzer sich körperlich und psychisch darin wohl fühlen. Gleichzeitig müssen sie dafür Sorge tragen, dass den jeweiligen funktionalen und sozialen Belangen Rechnung getragen wird. Der Innenarchitekt plant, entwirft und gestaltet Innenräume und Lebensumfelder aller Art wie Familienwohnräume, Verkaufsräume, Ausstellungs- und Messeräume, Kirchenräume/kirchliche Gemeindezentren, Gaststätten, Büros, Produktionsräume, Schulen, Kindergärten, Altenheime, Krankenhäuser, Jugendtreffs usw.

Entgegen einer weit verbreiteten Meinung macht das Einrichten von Innenwelten/Innenräumen nur einen Bruchteil der Aufgaben eines Innenarchitekten aus. Der gesamte raumbildende Ausbau ist ein Bereich, in dem Innenarchitekten und Architekten von ihrem Tätigkeitsbereich her konkurrieren oder kooperieren. Dabei geht es um die Dimensionierung und Positionierung von künstlichen und natürlichen Lichtquellen, Heizsystemen, Sanitäreinrichtungen, um Fragen der Belüftung/Klimatisierung, die Wahl der Ausbaumaterialien, Fragen der Farbgestaltung, Einbaumöbel und ggf. die Anordnung der frei stehenden Möbel wie auch um die Wahl der Wand- und Bodenbeläge.

Der Innenarchitekt darf sich nicht vorrangig an seiner Kreativität und seinem ästhetischen Empfinden orientieren. Er muss vielmehr die Wünsche, Befindlich- und Empfindlichkeiten des Menschen, für den er baut, kennen lernen und zum Maßstab seines Planens machen. Er ist an ökonomische und ökologische sowie baurechtliche Gegebenheiten gebunden. Er sollte ein gutes Gespür für „Trends" haben und diese in seine Planungen einbinden können. Selbstverständlich muss die Technik stimmen.

All diese Aufgaben beziehen sich auf innenarchitektonisches Planen und Ausführen in Neubauten wie auf den Umbau, die Renovierung oder Restaurierung von Altbauten. Mit welchen Kenntnissen, Fähigkeiten und Mitteln ein Innenarchitekt an seine Aufgabe herangeht, ist im so genannten „Schrickerschen Entwurfskreisel" dargestellt. In diesem sehr anschaulichen Schaubild hat Professor Rudolf Schricker aus Stuttgart „Faktoren und Einflüsse während der Entwicklung einer Entwurfsidee, die parallel gleichzeitig oder nacheinander ablaufen und der permanenten Überprüfung bedürfen" (aus: Blätter zur Berufskunde „Innenarchitektur", S.45) dargestellt:

Schrickers Entwurfskreisel

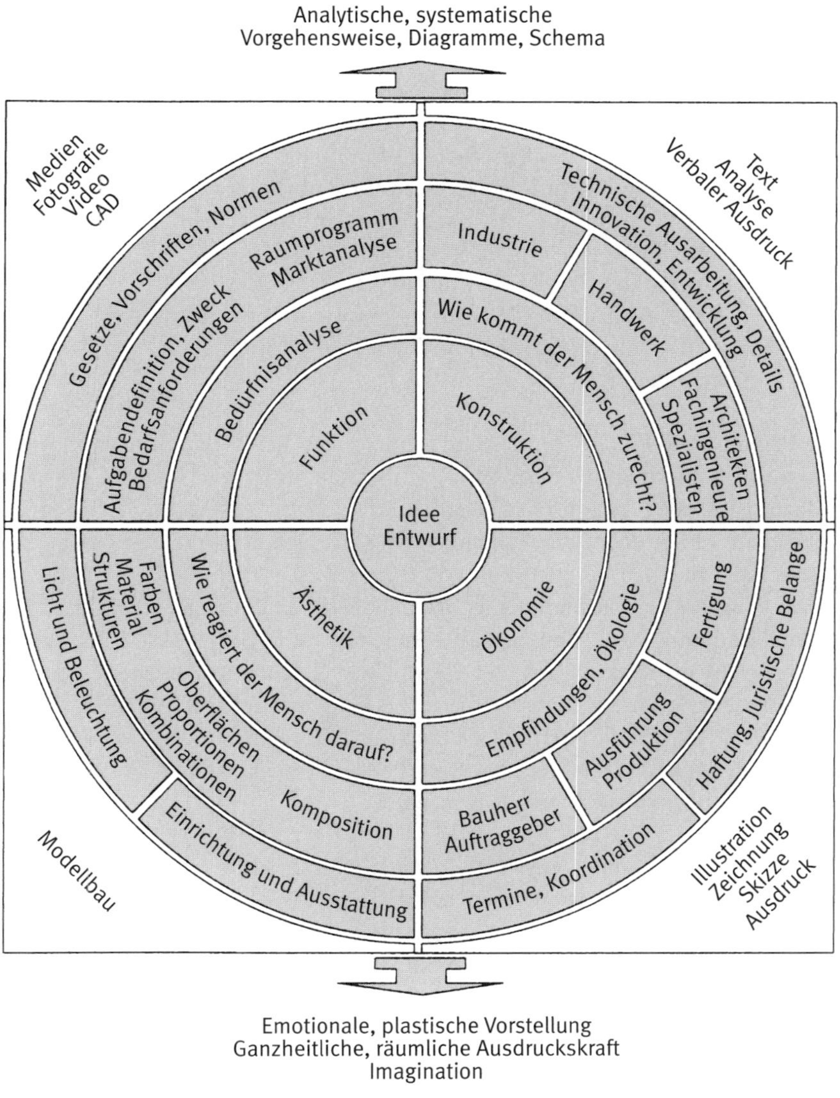

Faktoren und Einflüsse während der Entwicklung einer Entwurfsidee, die parallel gleichzeitig oder nacheinander ablaufen und der permanenten Überprüfung bedürfen

Quelle: Blätter zur Berufskunde „Innenarchitektur“, Heft 2–XI F01. Hsrg.: Bundesanstalt für Arbeit, Nürnberg

Auf das rein Funktionale reduziert, fasst die Honorarordnung für Architekten und Ingenieure (HOAI), an die auch die Innenarchitekten gebunden sind, deren Leistungen mit formalen Begriffen und Beschreibungen zusammen.

Innenarchitekten sind vorrangig für den Innenausbau, sowohl im Bestand als auch im Neubau zuständig, dennoch kann zum Bauvorhaben auch die Fassadenänderung gehören. Sie beraten, sie planen, sie gestalten und organisieren. Sie sind – wie die Berufsbezeichnung besagt – Spezialisten für den raumbildenden Innenausbau; dabei sind sie nicht nur für die ästhetisch-kreativen Aufgabenkomplexe zuständig, sondern auch Fachleute für die technischen, wirtschaftlichen, ökologischen und sozialen Planungen. In der Bauausführung sind sie für die Koordination der Gewerke und die Ausführungskontrolle verantwortlich. Sie müssen – wie die Architekten auch – Bauvorschriften und Rechtsnormen einhalten, also Bauanträge stellen, Baugenehmigungen einholen usw.

Das „Planen und Bauen im Bestand“ überwiegt bei vielen Innenarchitekten. Umnutzung, Sanierung, Modernisierung, Instandhaltung und Neugestaltung sind die dazu passenden technischen Begriffe. Zu dieser Auflistung gehören auch Umbau und Erweiterung vorhandener Objekte. Innenarchitekten übernehmen übrigens nicht nur den Innenausbau von Immobilien – auch die Innenraumgestaltung von Flugzeugen, Eisenbahnwaggons oder Schiffen kann eine überaus reizvolle Gestaltungsaufgabe sein. Manche haben sich auch auf Produktgestaltung spezialisiert, z.B. Möbel-Design oder Design von Beleuchtungskörpern. Je nach Tätigkeitsgebiet kann das künstlerisch-ästhetisch-gestalterische Moment oder das funktionale strukturell-konstruktive Planen und Entwerfen überwiegen. Innenarchitekten entwickeln Darstellungs- und Präsentationskonzepte, Ausstellungssysteme und auch Corporate-Design-Konzepte.

Bei der Präsentation ihrer Entwürfe können sie mit Hilfe neuer Medien beeindruckende Wirkungen erzielen, wenn sie z.B. die verfügbare Software nutzen, um den Bauherren seine zukünftigen Räume virtuell durchstreifen zu lassen, und dabei dessen Änderungswünsche virtuell in Sekundenschnelle per Mausklick realisieren.

Im Idealfall – der in der Praxis durchaus verwirklicht wird – arbeiten Architekten und Innenarchitekten zusammen – entweder im Sinne eines Büroteams oder im Sinne eines aktuellen Projektteams, das sich nach Vollendung des Auftrags wieder trennt. Die Praxis kennt allerdings auch die Situation, dass Architekten und Innenarchitekten im Konkurrenzkampf stehen, da sich ihre Aufgaben in weiten Bereichen erheblich überschneiden können.

Innenarchitekten, die als Designer arbeiten, finden Herausforderungen in Bereichen wie:

- Möbel-Design
- Ausstellungs-Design
- Kataloggestaltung

Die dafür grundlegenden Fähigkeiten erwerben sie im Studium in ausgepägterem Maße als Architekten. Von ihrem Selbstverständnis her sind beide ingenieurwissenschaftlich-technisch wie künstlerisch-kreativ tätig.

In der folgenden Checkliste finden Sie verschiedene Themenbereiche, wissenschaftliche Disziplinen und Interessensgebiete, die im engeren Zusammenhang zur Innenarchitektur stehen. Kreuzen Sie die Bereiche an: „+++" = starkes Interesse, „++" = Interesse, „+" = wenig Interesse

✔ **Checkliste Interessen**	**+++**	**++**	**+**
Baugeschichte			
Kunstgeschichte			
Kunst			
Design			
Farbgestaltung			
Lichtgestaltung			
Möbel/Ausstattungsgegenstände			
Soziologie			
Psychologie			
Wirtschaftswissenschaften			
Mathematik			
Planungswesen			
Baurecht			
Landschaftsarchitektur			
Medien			
Modellbau			
Textile Materialien			
Baumaterialien			

Etwa die Hälfte aller eingetragenen Innenarchitekten ist freiberuflich tätig, entweder alleine bzw. mit anderen Innenarchitekten oder in Partnerschaft mit Architekten.
Angestellte Innenarchitekten arbeiten, soweit sie nicht in einem Innen-/Architekturbüro angestellt sind, als Berater in Einrichtungshäusern, als Designer und/oder Kataloggestalter bei Möbelherstellern, im Entwurf, als Planer und Berater bei Laden- und Messebauunternehmen sowie in der Immobilienwirtschaft und der Fertighaus-/Bauindustrie.

2.3 Landschaftsarchitekten und Raumplaner

Landschaftsarchitektur
Architektur wird auch als Ober- oder Überbegriff verwendet – insbesondere im Sinne des Architektengesetzes. Dabei wird zwischen
- Hochbauarchitekt,
- Innenarchitekt,
- Landschaftsarchitekt und
- Stadtplaner unterschieden.

Der Landschaftsarchitekt steht in keinem Konkurrenzverhältnis zu Architekten oder Innenarchitekten. Er ist zwar – wie diese – ebenfalls Treuhänder des Bauherrn und je nach Tätigkeitsbereich unter kreativem, technischem und ökonomischem Aspekt gestaltend tätig, Ausführung und Unterhalt gehören zu seinen Aufgaben – je nach Ansatz auch das Management, aber all das gilt ausschließlich der Freiraum- und Landschaftsplanung.

Professor Fritz A. Auweck und Dipl.-Ing. Iris Jaeger schreiben dazu: „Der Beruf des Landschaftsarchitekten verkörpert die planerische Fachkunde für die Entwicklung der natürlichen und gestalteten Umwelt … Er ist verantwortlich für Konzepte und Planungen zur Erhaltung und Entwicklung von Natur und Landschaft, zur nachhaltigen Raumordnung und Siedlungsentwicklung, zur Dorf- und Stadterneuerung, zur Gestaltung des Umfeldes von Wohn- und Arbeitsstätten und zur Objektplanung im weiten Aufgabenfeld der Landschaftsarchitektur." (Aus: Blätter zur Berufskunde Diplom-Ingenieur/Diplom-Ingenieurin Landschaftsarchitektur/Landespflege, S. 5 f.).

Raumplanung
Im Aufgabenbereich der Stadt- bzw. Städteplanung sind außer Architekten u. a. auch Diplom-Raumplaner tätig. Das Selbstverständnis des Raumplaners ist stark

interdisziplinär mit einer besonderen Betonung der sozialwissenschaftlichen Komponente orientiert. Er entwickelt und plant Nutzungsangebote für meist begrenzte Flächen in der Land- und Forstwirtschaft, in der Stadtplanung, in der Planung von Deponieflächen, in der Planung zum Abbau von Bodenschätzen u.v.a.m. Dabei geht es auch um die Lebensraumsicherung von Pflanzen und Tieren. Raumplaner entwickeln Vorschläge, um gesellschaftliche Bedürfnisse, wie Wohnen, Arbeiten, Erholung und Verkehr, mit den jeweilig verfügbaren Ressourcen, wie Wasser, Boden, Bodenschätze und Luft, unter Einhaltung aller Rechtsnormen in Einklang zu bringen. Entsprechende Planungen und die Projektausführung erstrecken sich durchaus auf Zeiträume von vier bis fünf Jahrzehnten. Wird beispielsweise im Braunkohlentagebau eine Auskohlung geplant, so müssen nicht nur neue Siedlungsräume für die betroffenen Umsiedler gefunden und erschlossen und die für den Abbau erforderliche Infrastruktur geschaffen werden, sondern bereits in einem sehr frühen Stadium stellt sich die Frage, was wird aus dem Abbaugebiet, wenn die Fläche nach vielleicht 35 Jahren ausgekohlt ist?

2.4 Wie definieren die Hochschulen selbst Aufgaben und Inhalte der Architektur und Innenarchitektur?

Wie bereits erwähnt, müssen Architekten sehr kontaktfähig sein und sich öffentlich präsentieren können. Sie müssen sich der Tatsache bewusst sein, dass das Ergebnis ihres Tuns lebenslang und darüber hinaus der Nachwelt erhalten bleiben kann. Bauwerke sind keine kurzlebigen Wegwerfprodukte. Gelungene Bauten berühmter Baumeister und Architekten bleiben als Zeugnisse ihrer Zeit häufig über Jahrhunderte hinweg im öffentlichen Bewusstsein, dies gilt allerdings auch für weniger ruhmreiche Bauten – keinem Architekten bleibt erspart, dass auch Misslungenes unwiderruflich zur Schau gestellt bleibt.

Bauwerke werden gelobt, kritisiert oder indifferent hingenommen. Nicht immer wird in diesem Zusammenhang über den Architekten gesprochen. Andere Bauten wiederum sind untrennbar mit dem Namen ihres Architekten/Baumeisters verbunden.

Wer in den Studienführern und Informationsbroschüren der Hochschulen blättert, findet eine Reihe von Bekenntnissen, wie ***Architektur*** verstanden wird:

„Die Ausbildung hochqualifizierter Architektinnen und Architekten, die in der Lage sind, verantwortungsbewusst und zugleich mit hohem künstlerischen und

wissenschaftlichem Niveau, eine der modernen Gesellschaft angemessene, notwendige, ökologisch sinnvolle, fortschrittliche und vom ästhetischen Standpunkt her reflektierte Architekturen zu bauen, ist das gemeinsame Ziel … Das Architekturstudium setzt vor allem auf Kreativität, die zur Bewältigung komplexer Entwurfsaufgaben unerlässlich ist."
Rheinisch-Westfälische Technische Hochschule Aachen

„Das Architekturstudium bereitet auf die Berufspraxis des Architekten in der Bauplanung, im Städtebau und in der Stadtplanung vor. Berufsaufgaben des Architekten/der Architektin sind die gestaltende, baukünstlerische, technische und wirtschaftliche Planung von Bauwerken und die Ausarbeitung städtebaulicher Pläne."
Hochschule der Künste Berlin, Fakultät Gestaltung

„Studienziel ist die Erarbeitung einer soliden Grundlage zur Erfüllung der vielfältigen Anforderungen aus dem gesamten Berufsfeld des Architekten. Dabei ist es ein besonderes Anliegen, die technisch-ökonomischen Gesichtspunkte und die Gestaltaspekte des Bauens gleichrangig zu sehen. In einer auf das Ganze gerichteten Ausbildung sollen sich die Aneignung elementarer Kenntnisse und das Training kreativer und assoziativer Fähigkeiten durchdringen."
Fachhochschule Hannover/Nienburg

„Architektur ist primär weder ‚Bautechnik' noch ‚Bauplanung'. Architektur ist vielmehr zunächst eine künstlerische Disziplin, die die Lebenswelt des Menschen gestaltet. Unter dieser Leitvorstellung stehen Entwerfen, Konstruieren, Gestalten und Städtebau im Mittelpunkt der Ausbildung … Architektur ist ein Denkweg. Wie das entwerfende Denken des Architekten ‚synthetisch' immer auf eine Mehrzahl von Daseinsbezügen gerichtet ist und Ästhetik, Raumerfahrung, Gebrauchswert, Material, Konstruktion, Werkplan, Kostenrechnung, Organisation zusammen sieht, so können Baukunst und Städtebau nur zusammen gelehrt werden."
Fachhochschule Potsdam

„Ausbildungsziel ist es, den Studierenden in einem achtsemestrigen Theorie und Praxis verbindenden Architekturstudium die Komplexität der Arbeit an der Umwelt des Menschen klarzumachen, für diese zu planen, zu entwerfen, die Umsetzung in die bauliche Substanz vorzubereiten und an der Ausführung mitzuwirken. … Ziel des Studiums ist die Ausbildung von Architektinnen und Architekten, die gelernt haben, mit kreativer Phantasie auf der Basis fachlicher Kenntnisse und Erfahrungen selbständig und kritisch verantwortlich zu arbeiten …"
Muthesius Hochschule, Fachhochschule für Kunst und Gestaltung, Kiel

„Architektinnen und Architekten sind am Planungs- und Herstellungsprozeß der gebauten Umwelt beteiligt. Unter ihrer Anleitung entstehen vielfältige Produkte, ausgehend vom Detail an einem Einzelobjekt bis hin zu Gebäudekomplexen für verschiedene Nutzungen. Sie arbeiten auch an der Entstehung von größeren Siedlungsgebieten mit. Diese Aufgabenbreite erfordert die Anwendung entsprechender Aspekte von Disziplinen wie Rechts-, Wirtschafts-, Sozial-, Ingenieur- und Naturwissenschaften, Bildende Kunst und Design. Die Qualität einer architektonischen Leistung macht die Erfüllung der Funktion in Übereinstimmung mit ästhetisch-gestalterischen Anforderungen in einer konkreten gesellschaftlichen und geographischen Umgebung aus."
Technische Hochschule Darmstadt

„Im Studiengang Architektur werden Kenntnisse, Fähigkeiten und Fertigkeiten für das Entwerfen und Projektieren von Gebäuden und baulichen Anlagen für das Planen von Städten und Dörfern vermittelt ... Die Komplexität und Ausgewogenheit der theoretischen, künstlerischen, technischen und ökologischen Komponenten innerhalb des Ausbildungsprozesses ist ein typisches Merkmal innerhalb der Dresdner Schule."
Technische Universität Dresden

„Durch das Studium der Architektur sollen die Studierenden die wissenschaftlichen, technischen und künstlerischen Voraussetzungen erwerben, die sie befähigen, Bauwerke architektonisch, technisch, organisatorisch und konstruktiv einwandfrei zu planen und deren Durchführung zu betreuen ... Weitere Ziele der Ausbildung sind die zunehmend geforderte Kooperationsfähigkeit von Architekt und Fachexperten, die Bereitschaft zu Gruppenarbeit sowie das Bewußtsein der Verantwortlichkeit für unsere gebaute Umwelt."
Universität Kaiserslautern

„Unser Fachbereich Architektur fühlt sich einer zukunftsorientierten, international ausgerichteten Architekturauffassung verpflichtet. Ökologisch, bau-konstruktiv und städtebaulich fundiert, begreift sich die architektonische Lehre unabhängig von Tagesmoden oder Festlegung auf irgendwelche Ismen als kreative Arbeit am ‚unvollendeten Projekt der Moderne'."
Bergische Universität Gesamthochschule Wuppertal

Innenarchitektur:
„Die Berufsaufgabe der Innenarchitektin/des Innenarchitekten ist die gestaltende, technische und wirtschaftliche Planung von Räumen für den individuellen und allgemeinen Bedarf.

Um dieser Berufsaufgabe gerecht zu werden, muß die Innenarchitektin/der Innenarchitekt vertraut sein mit der Sprache der Architektur, über grundlegende und spezielle Kenntnisse in technischen Disziplinen ebenso verfügen, wie über eine sensible, humane Entwurfsfähigkeit in den Bereichen Raum und Bau, da aus Innenräumen Gebäude und aus diesen wiederum städtische Strukturen gebildet werden. Darüber hinaus ergeben sich mit der Auseinandersetzung der Raumarchitektur spezielle Arbeitsgebiete wie das Design von Möbeln und Ausbauprodukten."
Fachhochschule Hildesheim-Holzminden

„Ziel des Studiums ist es, die Kenntnisse und Fähigkeiten zur selbstständigen und verantwortlichen Erledigung der Aufgaben des Innenarchitekten zu vermitteln. Der Innenarchitekt bewältigt seine Bauaufgaben aus seinem Verständnis für Raumwirkung und aus seinem Wissen über die Wechselbeziehung von Architektursprache und Architekturverständnis. Sein Arbeitsfeld sind überwiegend Innenräume und Einrichtungen, innenraumbezogene Bauwerke und Raumgefüge. Er arbeitet mit dem Instrumentarium technischer Disziplinen im Bauwesen, die gleichwertig neben gestalterischen Ansprüchen stehen."
Fachhochschule Rosenheim

„Ziel des Studiums ist es, einen anwendungsorientierten Ingenieur auszubilden, der befähigt ist, durch seine theoretischen und praktischen Kenntnisse selbständig und verantwortlich die weitgefächerten Aufgaben des Innenarchitekten in Gesellschaft und Umwelt zu lösen. Die vorrangige gesellschaftliche Aufgabe des Innenarchitekten ist sein Beitrag zur Humanisierung der Umwelt, die Berücksichtigung der Wünsche von einzelnen und von Gruppen, ohne Belastung der Allgemeinheit, ist die Mitverantwortung für das Empfinden und Verhalten der Menschen."
Fachhochschule Coburg

3 Zugangsvoraussetzungen für das Studium

3.1 Architektur

Die Zugangsvoraussetzungen für ein Architekturstudium sind an den verschiedenen Hochschultypen zum Teil sehr unterschiedlich. Das Studium an Universitäten/Technischen Universitäten und Kunsthochschulen setzt die allgemeine oder fachgebundene Hochschulreife voraus. (Für besonders qualifizierte Berufstätige kann eine Zulassung auch ohne Nachweis der Hochschulreife erfolgen. Nähere Informationen dazu sind in der Berufsberatung für Abiturienten und Hochschüler beim Arbeitsamt oder in den Studienberatungsstellen der Hochschulen zu erfragen.)

Ein Studium an einer Fachhochschule setzt den Nachweis der Fachhochschulreife voraus (auch hier gilt die erwähnte Ausnahmeregelung für Berufstätige). Bezüglich der Fachhochschulreife sei angemerkt, dass in den einzelnen Bundesländern die Regelungen zum Erwerb der Fachhochschulreife unterschiedlich sein können. Wer die Fachhochschulreife im Bundesland X erworben hat und im Bundesland Y an einer Fachhochschule studieren möchte, muss rechtzeitig abklären, ob seine Voraussetzungen aus X auch in Y anerkannt werden.

Eine Reihe von Hochschulen fordern das Bestehen einer Eignungsprüfung. Die Anforderungen sind mit denen für ein Innenarchitekturstudium vergleichbar (s. Kapitel 3.2).
Der Studiengang fordert für sich und in sich Praxisbezug. Dementsprechend werden an allen Hochschulen Praktika verbindlich gefordert. Diese sind im Bauhauptgewerbe, im Baunebengewerbe, in Architekturbüros und in der Bauverwaltung abzuleisten. Allgemein gilt, dass Praktika, die vor Studienbeginn zu absolvieren sind, sich auf das Bauhaupt- oder Baunebengewerbe beziehen. Wer vor dem Studium eine einschlägige Fachoberschule besucht oder eine entsprechende Ausbildung absolviert hat, benötigt in der Regel kein Vorpraktikum mehr.

An jeder Hochschule gibt es für den Studiengang Architektur verbindliche Praktikantenrichtlinien. Für Universitäten und Kunsthochschulen gilt, dass ein Praktikum vor Studienbeginn nicht unbedingt erforderlich ist, aber empfohlen wird. Auch wenn es nicht unbedingt erforderlich ist, macht es für den Schulabgänger ohne Praxiskenntnis zweifelsohne Sinn, vor Studienbeginn mindestens vier Wochen Baupraxis zu erwerben.

Wer an einer Fachhochschule studieren möchte, sollte sich darauf einstellen, vor Studienbeginn mindestens drei bis sechs Monate Vorpraktikum nachweisen zu müssen. Ausnahmegenehmigungen sollten schriftlich bei den Hochschulen eingeholt werden. Zur ersten Orientierung seien einige Auszüge aus Praktikantenrichtlinien abgedruckt:

Fachhochschule Dortmund:
„Vor Studienbeginn müssen drei Monate Praktikum in einem Rohbau- oder Ausbaugewerk absolviert werden, davon ausgenommen sind nur Absolventen der Fachoberschule Technik – Fachrichtung Bauwesen. Es müssen Kenntnisse erworben werden im Mauerwerksbau, Beton- oder Stahlbau, Holzbau oder Zimmereibetrieb."

Fachhochschule Coburg:
„Vor Studienbeginn müssen mindestens sechs Wochen Praktikum nachgewiesen werden. Dies bedeutet handwerkliche Mitarbeit im Bauhauptgewerbe/Rohbau (Erd-, Maurer-, Beton-, Zimmerarbeiten) und im Baunebengewerbe/Ausbau (Bautischler-, Glaser-, Installateurarbeiten u. ä.); einschlägige Tätigkeiten im Architekturbüro werden auch anerkannt. Auch hier sind Absolventen der einschlägigen Fachoberschule befreit."

Universität Dresden:
„Bis zur Diplomvorprüfung müssen zwölf Wochen Baustellenpraxis im Bauhauptgewerbe nachgewiesen werden. Es wird empfohlen, die praktische Tätigkeit möglichst vor Studienbeginn zu absolvieren."

Staatliche Akademie der Bildenden Künste Stuttgart:
„Es müssen vor Studienbeginn neun Monate Praktikum abgeleistet werden und weitere drei Monate bis zur Diplomarbeit. Für das Vorpraktikum werden holz- und metallverarbeitende Betriebe und andere Hochbaugewerke empfohlen."

Praktikantenrichtlinien und Hinweise zur künstlerischen Auswahlprüfung können an allen Hochschulen angefordert werden.

> **!** Bemühen Sie sich frühzeitig um eine Praktikantenstelle! Im Internet gibt es gute Praktikantenbörsen! Die Berufsberatung kann helfen! Die Kammern können Tipps geben! Ein Blick ins Branchenverzeichnis kann nützlich sein!

Zulassung zu Architekturstudiengängen

Die nachfolgende Tabelle enthält Informationen über die Zulassungsmodalitäten zu den Architekturstudiengängen. Die Angaben zur Aufnahmeprüfung beziehen sich auf den Studienbeginn zum WS 2001/2002.

Hochschule	Studienbeginn	Studienplatz-vergabe	Mappe/ künstlerische Eignungsprüfung
FH Aachen	WS	ZVS	nein
RWTH Aachen	WS	ZVS	nein
FH Anhalt	WS	H	nein
FH Augsburg	WS	H	ja
TFH Berlin	WS/SS	H	nein
HdK Berlin	WS	H	ja
TU Berlin	WS	ZVS	nein
Berlin-Weissensee [1)]	SS	H	ja
FH Biberach	WS/SS	H	ja
FH Bielefeld	WS	ZVS	nein
FH Bochum	WS	ZVS	ja
TU Braunschweig	WS	ZVS	ja
H Bremen	WS	H	ja
FH Coburg	WS	H	ja
TU Cottbus	WS	ZVS	nein
FH Darmstadt	WS	H	nein
TU Darmstadt	WS	ZVS	nein
FH Dortmund	WS	ZVS	nein
U Dortmund	WS	ZVS	nein
TU Dresden	WS	ZVS	nein
FH Dresden	WS	H	ja
FH Düsseldorf	WS	ZVS	ja
FH Erfurt	WS	H	nein
FH Frankfurt/Main	WS/SS	H	nein
FH Gießen-Friedberg	WS/SS	H	nein

Hochschule	Studienbeginn	Studienplatz-vergabe	Mappe / künstlerische Eignungsprüfung
FH Hamburg	WS/SS	H	nein
HbK Hamburg	WS	H	ja
FH Hannover	WS	H	nein
U Hannover	WS	ZVS	nein
FH Heidelberg	WS/SS	H	ja
FH Hildesheim/Holzminden	WS/SS	H	nein
FH Kaiserslautern	WS	H	nein
U Kaiserslautern	WS	ZVS	nein
FH Karlsruhe	WS/SS	H	nein
TH Karlsruhe	WS	ZVS	nein
U-GH Kassel	WS	H	nein
Muthesius Hochschule Kiel	WS/SS	H	ja
FH Kiel	WS/SS	H	nein
FH Koblenz	WS	H	nein
FH Köln	WS	ZVS	ja
FH Konstanz	WS/SS	H	ja[2)]
FH Lausitz	WS	H	nein
FH Leipzig	WS	H	ja
FH Lippe	WS	ZVS	nein
FH Lübeck	WS/SS	H	nein
FH Magdeburg	WS/SS	H	nein
FH Mainz	WS/SS	H	nein
AkdBK München	WS	H	ja
FH München	WS	H	ja
TU München	WS	ZVS	nein
FH Münster	WS	ZVS	ja
FH Nordostniedersachsen	WS/SS	H	nein
FH Nürnberg	WS	H	ja
FH Oldenburg	WS/SS	H	nein
FH Potsdam	WS	H	ja

Hochschule	Studienbeginn	Studienplatz-vergabe	Mappe/ künstlerische Eignungsprüfung
FH Regensburg	WS	H	ja
FH Saarbrücken	WS	H	ja
U-GH Siegen	WS	ZVS	nein
AkdBK Stuttgart	WS/SS	H	ja
FH Stuttgart	WS/SS	H	nein
U Stuttgart	WS	ZVS	nein
FH Trier	WS	H	nein
U Weimar	WS	ZVS	nein
FH Wiesbaden	WS/SS	H	nein
FH Wismar	WS	H	nein
FH Würzburg	WS	H	ja
U-GH Wuppertal	WS	H	ja
FH Zittau	WS	H	ja
FH Zwickau	WS	H	ja

Legende:
WS=Wintersemester; SS=Sommersemester; H=Bewerbung bei der Hochschule; ZVS=Bewerbung über die Zentralstelle für die Vergabe von Studienplätzen
1) kein Grundstudium, nur Haupt- und Ergänzungsstudium
2) 40% der verfügbaren Studienplätze werden im Rahmen einer Eignungsteststellung vergeben

3.2 Innenarchitektur

Innenarchitektur wird als grundständiger Studiengang an Fachhochschulen und Kunstakademien – nicht aber an Universitäten angeboten. An Universitäten wird die Innenarchitektur nur als möglicher Schwerpunkt im Hauptstudium der Architektur angeboten. Ein Innenarchitekturstudium ist – wie ein Architekturstudium auch – in ein Grund- und ein Hauptstudium gegliedert. Die Studienzeit beträgt mindestens acht Semester, davon ggf. zwei Praxissemester. Die Praxissemester-Regelung ist von Bundesland zu Bundesland unterschiedlich. Abgeschlossen wird das Studium mit einer Diplomprüfung, die mindestens ein weiteres Semester beansprucht.

Fachhochschulreife bzw. Abitur und Vorpraktikum sind für das Innenarchitekturstudium meist nicht alleinige Zugangsvoraussetzung. Vor dem Studium gilt es in der Regel die Hürde „künstlerische Eignungsprüfung" zu überwinden. Eine Einladung zur Auswahlprüfung, zum Auswahlgespräch setzt meistens voraus, dass eine vorher gestellte Hausaufgabe oder eine so genannte „Mappe" einer strengen Jurierung standgehalten hat. „Mappe" bedeutet in diesem Zusammenhang die Zusammenstellung von künstlerisch-gestalterischen Arbeiten (ca. 15–30 Stück), die der Bewerber in der Vergangenheit selbstständig angefertigt hat. Dies bedeutet, dass die Entscheidung für die Innenarchitektur schon frühzeitig getroffen werden sollte (zumindest als Vorentscheidung), um genügend Zeit für die Vorbereitung einer solchen Mappe zu haben. Es ist durchaus zu erwägen, zwischen Abitur und Studienbeginn, mehrere Monate für die Erarbeitung einer Mappe einzuplanen.

Bei Studienbeginn zum Wintersemester (WS) – die Zulassung für Studienanfänger erfolgt häufig nur zum WS – muss die Mappe im Frühjahr vorgelegt werden. Die Aufnahmeprüfung findet im Frühsommer statt. Abgabetermin und Prüfungstermin sollten rechtzeitig bei den Hochschulen erfragt werden! Stellvertretend seien hierzu Auszüge aus Merkblättern und Studienführern zitiert:

Hochschule für Kunst und Design Halle, Burg Giebichenstein:
„Für ein Studium an unserer Hochschule benötigen Sie allgemeine Hochschulreife ... handwerklich-technische Fähigkeiten und Fertigkeiten sowie eine künstlerisch-gestalterische Eignung, die sie in einem Feststellungsverfahren (Eignungsprüfung) nachweisen müssen. Bei unseren Bewerbern sollte eine besondere zeichnerische Befähigung, räumlich-plastisches Vorstellungsvermögen, Logik und Phantasie vorhanden sein ...
Das Verfahren zur Feststellung der studiengangbezogenen und künstlerischen Eignung dauert maximal drei Tage und gliedert sich in eine Vorauswahl mit der Zulassung zum Hauptverfahren mit der Feststellung der studiengangbezogenen und künstlerisch-gestalterischen Eignung. Die Vorauswahl in der Fakultät Design wird aufgrund einer vorgelegten Mappe mit Arbeitsergebnissen sowie weiteren zeichnerischen Tests getroffen ...
Was soll die Mappe enthalten?
Hierzu gibt es weder eine Regel noch ein Konzept. Zeigen Sie, dass sie gewohnt sind, mit Stift und Pinsel umzugehen ...
... Gern gesehen sind lebendige Naturstudien aller Art, auch figürliche. Räumliche Studien können vorgelegt werden oder auch ganz eigenwillige phantasievolle Arbeiten. Dabei kommt es nicht so sehr auf die Perfektion an, sondern vielmehr

auf eine unbeschwerte und lebendige Darstellungsweise. Plastische Arbeiten können Sie fotografieren und die Fotos ebenfalls der Mappe beilegen.
Ihre Mappe sollte mindestens 20 Arbeiten der letzten zwei Jahre umfassen … Werden Sie zum Hauptverfahren zugelassen, müssen Sie weitere, vom jeweiligen Studiengang festgelegte Klausurarbeiten mit künstlerischen und gestalterischen Aufgaben anfertigen und ein Fachgespräch absolvieren."
(Anmerkung: In den zurückliegenden Auswahlverfahren hat nur ein kleiner Prozentsatz der Bewerber die Auswahlhürde erfolgreich genommen!)

Fachhochschule für Technik, Stuttgart:
„Im Studiengang Innenarchitektur ist die Zulassung zum Studium vom Nachweis der künstlerischen Eignung für den Studiengang erforderlich. Diese künstlerische Eignung kann nur durch eine Prüfung an der HfT Stuttgart nachgewiesen werden. Die mehrstufige Eignungsprüfung gliedert sich in die Vorauswahl, die Klausurprüfung und ggf. ein Fachgespräch."

Fachhochschule Lippe/Studienort Detmold:
„Auf eine künstlerisch-gestalterische Aufnahmeprüfung verzichten wir bewusst, weil wir nicht auf diejenigen verzichten möchten, die erst mit Beginn des Studiums ihre kreativen Anlagen ausbauen und vertiefen. Jedoch ist der Studiengang zulassungsbeschränkt (NC-Studiengang) … Die Studienplätze werden nach der Vergabeverordnung NRW im Allgemeinen Auswahlverfahren vergeben. Das bedeutet: Je besser der Notendurchschnitt, umso größer die Chance, sofort einen Studienplatz zubekommen. Sonst muss man eine gewisse Wartezeit in Kauf nehmen … Der NC im Wintersemester 2000/2001 lag bei einer Durchschnittsnote von 2,3 oder einer Wartezeit von neun Halbjahren."

! Zulassungsregelungen verändern sich immer wieder! Deswegen sollten Sie etwa ein drei viertel Jahr vor Studienbeginn die einschlägigen Regelungen an den Hochschulen erfragen!
Denken Sie auch daran, dass die Erarbeitung einer Mappe viel Zeit braucht – zwei Jahre vor der Bewerbung sollten Sie sich an die Arbeit machen! Legen Sie einen Zettelkasten an, schaffen Sie an Ihrer Pinnwand Platz oder richten Sie in ihrem PC eine Datei ein und halten Sie wichtige Adressen, wichtige Informationen, wichtige Abgabe- und sonstige Termine und was vor Studienbeginn unaufschiebbar erledigt werden muss fest!

4 Hochschulen, Abschlüsse und Studienorte

4.1 Architektur

Sie haben sich für ein Architekturstudium entschieden und müssen nun noch die passende Hochschule und den Studienort auswählen.
An anderer Stelle wurde bereits erwähnt, dass das Studienfach Architektur in der Systematik der Studienfächer den Ingenieurwissenschaften zugeordnet ist. Es gibt jedoch auch einige Kunsthochschulen, an denen Architektur studiert werden kann. Dort wird als Studienabschluss gleichermaßen der Titel eines Diplom-Ingenieurs verliehen. Im deutschen Hochschulsystem wird unterschieden zwischen:

- Universitäten/Technischen Universitäten
- Gesamthochschulen
- Fachhochschulen
- Kunsthochschulen/Kunstakademien
- Sporthochschulen
- Musikhochschulen

Das Studienfach Architektur wird – außer natürlich an Sport- und Musikhochschulen – an allen genannten Hochschuleinrichtungen gelehrt.

Diplom
Der Diplomstudiengang an Fachhochschulen umfasst mindestens acht Semester – die Regelungen in den einzelnen Bundesländern sind unterschiedlich, insbesondere bezüglich der obligatorischen Praxissemester. Das Studium an Kunsthochschulen und Universitäten umfasst mindestens neun Semester plus ein Prüfungssemester – hier sind in der Regel keine obligatorischen Praxissemester vorgesehen. Das Studium wird mit einer Diplomprüfung abgeschlossen.

Es wird an allen Hochschulen zwischen Grundstudium (i.d.R. 1.–4. Semester) und Hauptstudium (5.–8. bzw. 10. Semester) unterschieden. Am Ende des Grundstudiums steht die Diplomvorprüfung (auch Vordiplom genannt). Am Ende des Hauptstudiums wird die Diplomprüfung zum Diplom-Ingenieur Fachrichtung Architektur abgelegt.

Die Diplomprüfungsordnungen für Fachhochschulen sind andere als die für Universitäten und Kunsthochschulen – sie vermitteln unterschiedliche wissenschaftliche Qualifikationen. Eine Diplomprüfungsordnung schreibt gewisser-

maßen einen Handlungsrahmen vor, der mehr oder minder individuell gestaltet werden kann. Eine für alle Fachhochschulen verbindliche Rahmenprüfungsordnung für den Studiengang Architektur gibt es noch nicht (ein mehrfach überarbeiteter Entwurf ist fertig gestellt – mit der endgültigen Verabschiedung ist in Kürze zu rechnen – Stand Herbst 2001).
Generell mag es zutreffen, dass die individuelle Gestaltungsmöglichkeit an Fachhochschulen eingegrenzter ist, d.h. der Student muss mehr verbindliche Vorgaben erfüllen (Einzelheiten dazu sind den Studienplänen in Kapitel 1.2 Ausgewählte Studienpläne S. 63ff. zu entnehmen).

Bachelor und Master
Die zunehmende Kritik am deutschen Hochschulsystem, die sehr langen Studienzeiten deutscher Studierender, die Europäisierung von Studienstandards und andere Einflussfaktoren haben an den deutschen Hochschulen die Diskussion um die Einführung neuer Abschlüsse entfacht. Nicht zuletzt die Fachhochschulen versprechen sich eine Internationalisierung ihrer Studiengänge durch die Einführung der beiden Abschlüsse *Bachelor of Arts (B.A.)/Bachelor of Science (B.Sc.)* und *Master of Arts (M.A.)/Master of Science (M.Sc.)* – eine Änderung des Hochschulrahmengesetzes hat die Erprobung neuer Studienabschlüsse ermöglicht. Diese Abschlüsse aus dem angelsächsischen bzw. amerikanischen Hochschulsystem sind nach sechs bzw. acht bzw. zehn Semestern zu erlangen.

Der B.A. kann nach dem 6. Semester abgeschlossen werden. Dieser dem Grunde nach berufsqualifizierende Abschluss hat in der Architektur kaum Gewicht, da eine spätere Eintragung in die Architektenkammer nur nach einem mindestens achtsemestrigen Studium und zwei bzw. drei Jahren Berufserfahrung möglich ist. Ein Bachelor-Abschluss kann ggf. dann eine hinreichende Voraussetzung sein, wenn es sich dabei um den *Bachelor of Honours* handelt, der erst nach acht Studiensemestern abgelegt werden kann (vgl. dazu die Studienpläne der FH Bochum und Wismar).

Das Master-Studium ist gewissermaßen ein Aufbaustudium auf den B.A. und dauert drei bzw. vier Semester. Dieser Abschluss gilt im erwähnten Sinne der Architektenkammern als berufsqualifizierend.

Die Diskussion um die Einführung dieser Studiengänge ist noch nicht abgeschlossen. In einem kommentierenden Papier der Bundesarchitektenkammer (BAK) namens „Architektur und Ausbildung“ ist ein eindeutiges Bekenntnis gegen Bachelor-Studiengänge und für das fünfjährige *ganzheitliche* Diplom-Studium der Architektur mit einer anschließenden zweijährigen Praxis zu finden – so wie es die internationalen Standards der Internationalen Architektenunion regeln. Bezüglich der Internationalisierung und Globalisierung deutscher Abschlüsse bleibt die Frage offen, ob eine anglo-amerikanische Studienabschlussbezeichnung im romanischen Sprachgebrauch auf größeres Verständnis stößt als der deutsche Begriff „Diplom“.

An ***Kunsthochschulen*** und an ***Universitäten bzw. Technischen Universitäten*** wie auch an ***Gesamthochschulen*** sind im Grundstudium Lehrveranstaltungen insbesondere in folgenden Fächern zu absolvieren:
Darstellende Geometrie, Vermessungskunde, Grundlagen des Entwerfens, Grundlagen der Baukonstruktion, Gebäudelehre, Bauchemie, Bauphysik, Baustoffkunde, Baukostenplanung, Verdingungswesen, Baurecht, Technische Gebäudeausrüstung, Malerei und bildnerisches Gestalten, Bau- und Kunstgeschichte u. a.
Im Hauptstudium werden die genannten Fächer – insbesondere Entwerfen und Baukonstruktion – vertieft. Hinzu kommen Lehrveranstaltungen aus Nachbardisziplinen wie Sozialwissenschaften, Wirtschaftswissenschaften und Rechtswissenschaften. Der eindeutige Schwerpunkt der Pflichtveranstaltungen liegt auf dem Entwurf.

Es gibt unterschiedliche Arten von Lehrveranstaltungen wie: Vorlesungen, Seminare, Übungen und Praktika. Während der Student in Vorlesungen sich im Wesentlichen als Zuhörer definieren muss, ist bei den anderen Unterrichtsformen aktives Mitarbeiten gefragt.

Die aufgezählten Vorgaben sind nur Mindestanforderungen, darüber hinaus wird der einzelne Architekturstudent individuelle Schwerpunkte setzen und Lehrveranstaltungen besuchen, die über die Mindestanforderungen hinausgehen.

Die Wahlmöglichkeiten im kreativ-künstlerischen Bereich sind an den Kunsthochschulen sehr differenziert. Dies sollte nicht zu dem Umkehrschluss führen, dass hier das technisch-konstruktive Studienfachangebot weniger wichtig ist. Ebenso wenig gilt für die Universitäten, Technischen Universitäten und Gesamthochschulen, dass hier der künstlerisch-gestalterische Bereich eine untergeordnete Rolle spielt. Pauschalisierungen und „Faustregeln“ sind mit äußerster Vorsicht zu genießen. Das gilt auch für die Faustregel: „Das Studium an Fachhochschulen ist stark praxisbezogen und verschult, während das Studium an Universitäten wissenschaftsorientiert und auf hohem theoretischen Abstraktionsniveau liegt.“

Dr. Wolfgang Henning hat in seinem „Studienführer Bauingenieurwesen“ eine sehr übersichtliche Tabelle entwickelt, die auch für die Architektur Gültigkeit hat:

Gewichtung der Ausrichtung und Ziele im Studium

Ausrichtung/Ziele	an Universitäten			an Fachhochschulen		
Ausprägung	stark	mittel	schwach	stark	mittel	schwach
Abstimmung der Inhalte auf Praxis			x	x		
Befähigung zu kritischer Beurteilung	x					x
Eigenständiges wissenschaftliches Arbeiten	x					x
Pluralistische Erklärungsansätze	x				x	
Praxisbezug			x	x		
Praxisnahe Vermittlung		x		x		
Theoretisch-wissenschaftliche Fundierung	x					x
Vermittlung wertbeständiger Methoden	x				x	

Quelle: Henning, Wolfgang: Studienführer Bauingenieurwesen. S. 32

An den ***Fachhochschulen*** beinhaltet das Grundstudium Lehrveranstaltungen in folgenden Fächern und Fachgebieten:
Darstellende Geometrie, Statik, Festigkeitslehre, Baustofflehre, Bauphysik, Tragwerkslehre, Technischer Ausbau, Entwerfen, Zeichnen und Gestalten.
Im Hauptstudium werden die Fächer vertieft und es erfolgt eine Schwerpunktbildung. Detaillierte Beispiele zum Aufbau solcher Studienpläne sind im Kapitel „Ausgewählte Studienpläne“ zu finden.

Architekturstudiengänge sind an den nachfolgend aufgeführten Universitäten[1] – Stand 2001 – bundesweit zulassungsbeschränkt, d. h. die Vergabe der Studienplätze erfolgt ausschließlich über die ZVS (Zentralstelle für die Vergabe von Studienplätzen, 44128 Dortmund). Dies gilt ebenso für die Architekturstudiengänge an den Fachhochschulen Nordrhein-Westfalens.

1 Außerdem gibt es an den Universitäten Gesamthochschule Kassel und Wuppertal und an der Hochschule für Bildende Künste Hamburg universitäre Architekturstudiengänge. Für alle drei erfolgt die Studienplatzvergabe nicht über die ZVS. Zudem unterscheiden sich die Gesamthochschulstudiengänge im Aufbau erheblich von den anderen universitären Diplomstudiengängen.

Einzelheiten zu diesem Vergabeverfahren sind dem ZVS-Info für den jeweiligen Studienbeginn zu entnehmen (zum WS 2001/2002 konnten ertsmals alle Erstwunschbewerber zugelassen werden!). Es sei angemerkt, dass ein Studienbeginn im Fach Architektur häufig nur zum Wintersemester möglich ist. Weitere Informationen zu Bewerbungsverfahren gibt es z. B. in der Berufsberatung und in der Studienberatung der Hochschulen.

Die Fachhochschulen Nordrhein-Westfalens vergeben derzeit die Architekturstudienplätze ebenfalls über die ZVS. An den anderen Fachhochschulen ist mit einem hochschulinternen Numerus clausus zu rechnen. Wichtige Informationen über die Zulassung gibt die folgende Tabelle:

Studienplatzvergabe über die ZVS:	
TH Aachen	FH Düsseldorf 1)
FH Aachen	U Hannover
TU Berlin	U Kaiserslautern
FH Bielefeld (Minden)	U Karlsruhe
FH Bochum 1)	FH Köln 1)
TU Braunschweig	FH Lippe (Detmold)
TU Cottbus	TU München
TH Darmstadt	FH Münster 1)
U Dortmund	U GH Siegen 2)
FH Dortmund	U Stuttgart
TU Dresden	U Weimar

Legende:

1) Bewerbung bei der ZVS nach erfolgreicher Eignungsprüfung an der FH. Für die Eignungsprüfung bewirbt man sich direkt an der FH.
2) An der UGH Siegen wird Architektur als Fachhochschulstudiengang angeboten.

Der erforderliche Notendurchschnitt wird nicht vorher „behördlich" festgesetzt, sondern ist abhängig davon, welchen Notendurchschnitt die jeweiligen Bewerber zum jeweiligen Zeitpunkt einbringen. Dies gilt analog für die Wartezeit.
Eine zweitrangige Rolle spielt der Notendurchschnitt an den Hochschulen, die die Zulassung über eine studiengangsbezogene Eignungsprüfung regeln.

Eine direkte Bewerbung ist für folgende Fachhochschulen erforderlich:	
FH Anhalt (Dessau)	FH Lausitz (Cottbus)
FH Augsburg	FH Leipzig
TFH Berlin	FH Lübeck
FH Biberach	FH Magdeburg
FH Bremen	FH Mainz
FH Coburg	FH München
FH Darmstadt	FH Nordostniedersachsen (Buxtehude)
FH Dresden	FH Nürnberg
FH Erfurt	FH Oldenburg
FH Frankfurt/M	FH Potsdam
FH Hamburg	FH Regensburg
FH Hannover (Nienburg)	FH Saarland
FH Heidelberg	FH Stuttgart
FH Hildesheim-Holzminden	FH Trier
FH Kaiserslautern	FH Wiesbaden
FH Karlsruhe	FH Wismar
FH Kiel	FH Würzburg – Schweinfurt
FH Koblenz	FH Zittau/Görlitz (Zittau)
FH Konstanz	FH Zwickau (Reichenbach)

Das Statistische Bundesamt ermittelte für das Wintersemester 1999/2000 folgende Zahlen:

Architekturstudenten insgesamt	47.962
davon männlich	26.537
davon weiblich	21.425
davon an Kunsthochschulen	1.174

Studienanfänger insgesamt	6.763
davon männlich	3.453
davon weiblich	3.310

WS 1999/2000: Studiengang Raumplanung insgesamt	3.516
davon männlich	2.038
davon weiblich	1.478

4.2 Innenarchitektur

Innenarchitekturstudiengänge werden an Fachhochschulen und an Hochschulen/Akademien der Bildenden Künste angeboten. Das Studium wird frühestens nach acht Semestern (Mindeststudienzeit) mit der Diplomprüfung abgeschlossen. Nach erfolgreich abgelegter Prüfung wird entweder der Titel „Diplom-Ingenieur" oder „Diplom-Designer" verliehen. Beide Titel berechtigen nach zwei- bis dreijähriger Berufspraxis zur Eintragung in die Architektenkammer.
Wie aus den Titeln ersichtlich ist, wird Innenarchitektur entweder im Fachbereich Architektur oder im Fachbereich Design studiert – jeweils als eigenständiger Studiengang.

Das Studium ist in Grund- und Hauptstudium gegliedert. Je nach Bundesland können ein bis zwei Praxissemester in das Studium integriert sein.

Die einzelnen Hochschulen gestalten die Studien- und Prüfungsordnung zum Teil sehr unterschiedlich aus (deshalb empfielt es sich vor der Wahl des Studienorts die einzelnen Studien- und Prüfungsordnungen sehr genau miteinander zu vergleichen); dennoch gibt es grundlegende Gemeinsamkeiten (siehe Kap. 2.1 Aufbau und Inhalte, S. 105 ff.).

Das Grundstudium ist wesentlich enger reglementiert als das Hauptstudium. Das Hauptstudium bietet einen großen Freiraum für die Entfaltung der individuellen (fachbezogenen) Kreativität und die Bildung von inhaltlichen Schwerpunkten.
Der Modellbau gehört für Innenarchitekturstudenten vom ersten Semester an zu einer ganz wichtigen Aufgabe. Hierfür ist viel Arbeit, Zeit und Material zu investieren.

Die Zulassung zum Studium erfolgt – abgesehen von der FH Lippe/Detmold – erst nach einer erfolgreich abgelegten künstlerischen Eignungsprüfung. An der FH Detmold erfolgt die Studienplatzvergabe auf Grund des Notendurchschnitts der Hochschul- bzw. Fachhochschulreife.

An folgenden Hochschulen werden Innenarchitekturstudiengänge angeboten:	
FH Coburg	FH Mainz
FH Darmstadt	ABK München
FH Düsseldorf	ABK Nürnberg
HKD Halle (Burg Giebichenstein)	FH Rosenheim
FH Hannover	FH Stuttgart
FH Hildesheim-Holzminden	FH Trier
FH Kaiserslautern	FH Wiesbaden
FH Lippe (Detmold)	FH Wismar

Nach Angaben des Statistischen Bundesamt gab es im Wintersemester 1999/2000:

Innenarchitekturstudenten insgesamt	4.772
davon männlich	1.311
davon weiblich	3.461

Während bei den Architekturstudenten das Geschlechterverhältnis eher ausgeglichen ist, sind unter den Innenarchitekturstudierenden weniger als ein Drittel Männer.

5 Was gibt es noch zu bedenken?

Die Studienfachwahl ist getroffen – eine Liste mit Wunschhochschulen ist aufgestellt – entsprechendes Infomaterial über diese Hochschulen ist besorgt – was gibt es sonst noch zu bedenken und zu entscheiden?

Wohnen
Für viele bedeutet die Aufnahme eines Studiums einen tief greifenden Einschnitt in die bisherigen Lebensgewohnheiten. Wer nicht heimatnah studiert, muss sich z. B. entscheiden „wie und wo er/sie wohnen will“: Im Studentenwohnheim, in einer Wohngemeinschaft (WG), im möblierten Zimmer, in einer eigenen Wohnung oder bei Verwandten bzw. Bekannten? Die Trennung von der Familie, vom vertrauten Freundeskreis bedeutet, ein neues Lebensumfeld schaffen zu müssen. Je besser es dem frisch gebackenen Studenten gelingt, nicht nur die neue Lernsituation gut zu bewältigen, sondern ein Wohnumfeld und ein soziales Umfeld nach seinen individuellen Bedürfnissen zu schaffen, umso größer ist die Wahrscheinlichkeit, zufrieden und erfolgreich zu studieren.

Wer einen Wohnheimplatz sucht, muss sich in der Regel an das Studentenwerk der jeweiligen Hochschule wenden. Hier gibt es ggf. auch Anschriften von Vermietern auf dem freien Wohnungsmarkt. Hinweise auf Wohngemeinschaften und Studenten, die einen Wohnungsnachfolger suchen, findet man an den Schwarzen Brettern des AStA (Allgemeiner Studentenausschuss), der Fachbereiche und der Fachschaft. Möblierte Zimmer, Appartements und Wohnungen findet man auf dem freien Wohnungsmarkt, in der regionalen Tageszeitung (meistens mittwochs und samstags) und mit Hilfe von Immobilienbüros. Letztere nehmen allerdings Vermittlungsgebühren.

Finanzierung
Die Studienfinanzierung sollte gut geplant sein! Dabei ist zu bedenken, dass die angegebenen Mindeststudienzeiten häufig überschritten werden. Ein Fachhochschulstudent wird ein bis zwei Semester mehr einplanen müssen, an den anderen Hochschulen können es durchaus auch insgesamt mehr als zwölf Semester werden. Können (oder wollen) die Eltern das Studium nicht finanzieren, sollte möglichst vor Studienbeginn geklärt werden: Kann ich nach dem Bundesausbildungsförderungsgesetz (BAföG) gefördert werden? Kommt für mich ein Stipendium oder eine andere Förderungsmöglichkeit in Betracht?

Die folgende Liste von Institutionen, die Stipendien vergeben, ist nur als Anregung zu verstehen – sie erhebt keinen Anspruch auf Vollständigkeit.

Stiftungen politischer Parteien:

Konrad-Adenauer-Stiftung e. V.
Rathausalle 12, 53757 Sankt Augustin
Tel.: (0 22 41) 2 46-0, Fax: (0 22 41) 2 46-5 91
Internet: http://www.kas.de

Friedrich-Ebert-Stiftung
Hiroshimastraße 17, 10785 Berlin
Tel.: (0 30) 2 69 35-6
Internet: http://www.fes.de

Friedrich-Naumann-Stiftung
Karl-Marx-Straße 2, 14482 Potsdam
Tel.: (03 31) 70 19-0, Fax: (03 31) 70 19-1 88
Internet: http://www.fnst.de

Hanns-Seidel-Stiftung e.V.
Lazarettstraße 33, 80636 München
Tel.: (0 89) 12 58-2 53, Fax: (0 89) 12 58-3 56
Internet: http://www.hss.de

Heinrich-Böll-Stiftung
Rosenthaler Straße 40/41, 10178 Berlin
Tel.: (0 30) 2 85 34-0, Fax: (0 30) 2 85 34-1 09
Internet: http://www.boell.de

Stiftungen der evangelischen und katholischen Kirche:

Cusanuswerk – Bischöfliche Studienförderung
Baumschulallee 5, 53115 Bonn
Tel.: (02 28) 9 83 84-0, Fax: (02 28) 9 83 84-99
Internet: http://www.cusanuswerk.de

Evangelisches Studienwerk e.V. Villigst
Iserlohner Straße 25, 58239 Schwerte
Tel.: (0 23 04) 7 55-1 96, Fax: (0 23 04) 7 55-2 50
Internet: http://www.evstudienwerk.de

Stiftungen des Bundes, der Gewerkschaften und der Wirtschaft:

Hans-Böckler-Stiftung
Bertha-von-Suttner-Platz 1, 40227 Düsseldorf
Tel.: (02 11) 77 78-0, Fax: (02 11) 77 78-2 25
Internet: http://www.boeckler.de

Stiftung der Deutschen Wirtschaft (sdw)
im Haus der Deutschen Wirtschaft
Breite Straße 29, 10178 Berlin
Tel.: (0 30) 20 33-15 03, Fax: (0 30) 20 33-15 55
Internet: http://www.sdw.org

Studienstiftung des Deutschen Volkes
Mirbachstraße 7, 53173 Bonn
Tel.: (02 28) 82 09 60
Internet: http://www.studienstiftung.de

Das deutsche Studentenwerk hat einen Katalog erarbeitet, der in regelmäßigen Abständen aktualisiert wird (*Förderungsmöglichkeiten für Studierende*. Bad Honnef). Dieser Katalog kann in den Berufsinformationszentren BIZ der Arbeitsämter eingesehen werden. Stipendiengeber wie Städte und Kommunen, die Katholische Kirche, die Evangelische Kirche, parteinahe Stiftungen, die Studienstiftung des Deutschen Volkes e.V., Stiftungen von Industrie und Wirtschaft, gewerkschaftsnahe Stiftungen, Darlehenskassen und Härtefonds der Studentenwerke sind darin aufgelistet und ihre Ziele und Bedingungen werden erläutert.

Wer sich um ein Stipendium bemüht, sollte wissen, dass dies häufig eine „Leistung auf Gegenseitigkeit“ ist, da muss man entweder sehr gute Schulleistungen aufweisen, und/oder im Rahmen der jeweiligen Institution engagiert tätig sein, ihr nahe stehen usw.

An vielen Hochschulen gibt es für einzelne Stipendien so genannte Vertrauensdozenten (diese sind namentlich im Vorlesungsverzeichnis aufgeführt). Wer meint, für ein bestimmtes Stipendium in Betracht zu kommen, muss sich an den entsprechenden Träger bzw. Vertrauensdozenten wenden.

Sie sollten in jedem Fall überprüfen lassen, ob Sie nach dem Bundesausbildungsförderungsgesetz gefördert werden können – Auskünfte erteilen die „BAföG-Ämter" der Studentenwerke an den Hochschulen.

Auch bei einem eher zurückhaltendem Konsumverhalten sollten ca. 700–800 EUR monatlich für Wohnen, Lebenshaltungskosten, Kleidung, Bücher und Modellbaumaterialien eingeplant werden!

Studienabbruch

Auch darüber sollte gesprochen werden, auch wenn das ein Thema ist, das gerne ausgeklammert wird. Es kann angenommen werden, dass beinahe jeder zweite Student zumindest einmal erwogen hat, das Studium abzubrechen. Die Ursachen dafür sind vielschichtig. Wer z. B. während des Studiums seinen Lebensunterhalt selbst verdienen muss, kann an der Doppelbelastung scheitern. Wer sich in seinem neuen Lern- und Lebensumfeld unwohl fühlt, erwägt eventuell einen Rückzug. Wer sich mit den Studieninhalten nicht identifizieren kann, wird häufiger an Studienabbruch denken.

Es ist sicher nicht erstrebenswert, ein Studium abzubrechen. Eine Gesellschaft, die so auf beruflichen Erfolg fixiert ist wie unsere, lässt solche Gedanken nur ungern zu. Aus diesem Grund verdrängen manche den drohenden Misserfolg und zögern einen Abbruch viele Semester lang hinaus. Eine gute Vorplanung, eine Studienentscheidung, die reiflich überlegt wurde, wo vorher Für und Wider ausdiskutiert wurden, minimiert sicherlich das Risiko, vorzeitig abzubrechen.

Dennoch: Auch eine wohl überlegte Entscheidung kann sich im Nachhinein als Fehler erweisen. Aber Vorsicht vor Kurzschlussreaktionen! Vor einem Abbruch sollte die Ursache dafür genau geklärt sein – vielleicht ist sie zu beheben! Rat und Hilfestellung gibt es bei: der Studienberatung, der Berufsberatung, der Evangelischen/Katholischen Studentengemeinde (Studentenpfarrer) und der Fachschaft. Bei Problemen, die nicht studienbedingt sind, helfen Familien- und andere psychosozialen Beratungsstellen.

II DAS STUDIUM DER ARCHITEKTUR UND INNENARCHITEKTUR

1 Architektur

1.1 Aufbau und Inhalte

Grundstudium
Folgende Fächer und Inhalte bilden den Kern des Grundstudiums:

Darstellende Geometrie
beinhaltet Grundelemente der Raumgeometrie, Projektionen/Ein- und Mehrtafelprojektionen, Abwicklungen, Durchdringungen, Parallelprojektionen, Zentralprojektionen, orthogonale Axonometrie zur anschaulichen Darstellung räumlicher Objekte, Perspektiven, Schattenrisse u.v.a.m. Die Inhalte werden im Regelfall anwendungsbezogen auf Entwurf, Konstruktion und Darstellung vermittelt.

Vermessungswesen
beinhaltet u. a. Grundbegriffe der Flächen-Koordinaten und Massenberechnungen, grundlegende Kenntnisse aus Lagemessung/Photogrammetrie/Nivellement, Übungen zur Anwendung der entsprechenden Messinstrumentarien im Gelände oder im Labor.

Grundlagen des Entwerfens/Gebäudelehre
Dieses Fach ist gewissermaßen Dreh- und Angelpunkt des Studiums. Hier geht es um: Proportionierung, Dimensionierung, Maßstabfindung, räumlich-perspektivisches Zeichnen, Anwendung grundlegender Darstellungsmethoden, aber auch das Kennenlernen von Faktoren, die den Entwurf beeinflussen, wie Baugesetze, Geländeformationen, Übungen zum Freihandskizzieren, Förderung gestalterischer Fantasie, Entwicklung ästhetischer Sensibilität, exaktes Konstruieren, Erstellen von Arbeitsmodellen, Gebäudetypologie, Gestaltung von Innen- und Außenräumen bis hin zur Entwicklung einer Gesamtkonzeption u.v.a.m.

Grundlagen der Baukonstruktion
Hier geht es um Begriffe wie: Bauzeichnungen, Detailzeichnungen für den Rohbau, Mauerwerksbau, Wände, Decken, Treppen, Dächer, Dachflächenfenster, Glasdächer, Dachabdichtungen, Türen und Tore, Drainierungen, Massivbau, Skelettkonstruktionen usw. Dabei ist die Kenntnis und Anwendung entsprechender Normen unerlässlich.

Bauchemie, Bauphysik, Baustoffkunde
Grundlegendes Schulwissen ist zu reaktivieren, wenn es um allgemeine Grundlagen der Chemie geht, spezieller wird es bei Themen wie Korrosion und Korrosionsschutz,

bauchemische Untersuchungsmethoden oder bituminöse Stoffe, ihre Eigenschaften, die Anwendung, die Prüfung eines solchen Materials, Kunststoffe, künstliche Steine, natürliche Steine, Holz. Bei Nichteisen-Metallen und Bindemitteln geht es nicht nur um die Theorie, sondern auch um Laborübungen. Dies gilt auch für die Bauphysik mit Themen, wie Schall, Wärme, Feuchtigkeit, Schallschutz, Kondensationsschutz, Brandschutz, Dämmung und Be- und Entlüftung von Bauteilen. Bei der Anwendung heißt es häufig die entsprechenden Normen zu kennen und zu berücksichtigen.

Tragwerk(s)lehre
Ebenfalls ein zentrales Fach im Architekturstudium, in dem folgende Kenntnisse und Fähigkeiten vermittelt werden: Systematik der Tragwerke, Kräfte und Abmessungen, Herstellung von Tragwerken, Gleichgewichtsbedingungen in der Ebene, Verformungsverhalten von Konstruktionen, konstruktive Entwicklung des tragenden Gefüges eines Bauwerks, Gesamtkonzeptionen und Detaillösungen, Beurteilung des Tragverhaltens von Konstruktionen anhand von Tragwerkmodellbau, das Kräftezusammenspiel von Material, Fertigung und Montage, Faltwerke, Zugkonstruktionen u.v.a.m.

Baubetrieb (Baukostenplanung, Verdingungswesen, Bau- und Architektenrecht)
Hier geht es um die Bauausführung – um die Baustelle schlechthin. Dies bedeutet u. a.: Baustellenorganisation und -einrichtung, Bauzeitpläne, Grundlagen der Kalkulation, Baufinanzierung/Finanzierungspläne, Haftungs- und Versicherungsfragen, Verdingungswesen, einschlägiges Vertragsrecht u. Ä.

Technische Gebäudeausrüstung/Haustechnik
In den Lehrveranstaltungen werden Themen behandelt bzw. sind Kenntnisse zu erwerben in: Grundlagen von Heizung, Klima und Lüftung, Wasser- und Warmwasserleitungsanlagen, Strominstallation, Schmutzwasseranlagen, Kleinkläranlagen, Müllentsorgungseinrichtungen, Aufzugsanlagen u. Ä.

Zeichnen/Gestalten/Malerei
Hier gilt es die künstlerisch-gestalterischen Fähigkeiten der Studierenden zu entwickeln und zu vertiefen. Künstlerische Freiheit und zielgerichtetes Gestalten werden sich hier ergänzen. Da geht es u. a. um Bildkompositionen, Farbenlehre, figürliche Darstellung/plastisches Gestalten, Freihandzeichnen, Naturstudien, Aktzeichnen, aber auch Zeichnen und Skizzieren von Körpern und Räumen.

Baugeschichte, Architekturtheorie
Während die bislang dargestellten Fächer viele Praxiselemente enthielten, geht es hier eher um theoretisches Hintergrundwissen. Architekturentwicklung von der

Antike bis zur Gegenwart wird thematisiert. Die Baukunst in Mesopotamien, Ägypten, Griechenland und Rom, die Entwicklungsgeschichte der Stadt, Romanik, Gotik, Renaissance, Barock und Klassizismus werden in einschlägigen Lehrveranstaltungen behandelt, um einige Beispiele zu nennen. Architektonische Formenlehre und historische Bautypologie stehen im Mittelpunkt der Betrachtungen, die Vermittlung architektonischer Fachterminologie ist hier involviert.

Kunstgeschichte
Hier sei aus der Info-Schrift der RWTH Aachen zitiert: „Gegenstände unserer Veranstaltungen sind Kunstwerke, Dinge also, die sich durch ihre artikulierte Form von anderen Dingen unterscheiden und einige Rätsel aufgeben, die wir zu lösen versuchen. Die Fragen sind dabei ganz einfach: Wann, was, wo, warum, wer, wie und wozu. Studenten der Architektur und der Kunstgeschichte können, unabhängig von der Semesterzahl, an denselben Vorlesungen und Seminaren teilnehmen. Wichtig dabei ist die erlernbare Form der Beweisführung und der ‚wissenschaftlichen Rhetorik', die nicht überredet, sondern überzeugt, die der Architekt spätestens dann benötigt, wenn er sich über seine eigenen Arbeiten äußern muß." (Informationsschrift für Erstsemester, S. 7).

Der Stundenplan könnte im 1. Semester wie folgt aussehen:

Montag	Dienstag	Mittwoch	Donnerstag	Freitag
Ganztags Gestalten (Übung)	8.00–9.30 Darstellende Geometrie (Vorlesung)		9.45–10.30 Zeichnen (Vorlesung)	8.00–10.30 Tragwerklehre (Vorlesung)
	11.30–13.00 Baustoffkunde (Vorlesung)	11.30–13.00 Entwerfen (Vorlesung)	10.30–13.00 Zeichnen (Übung)	
	14.00–15.30 Baukonstruktion (Vorlesung)	14.00–14.45 Entwerfen (Übung)	13.15–14.00 Baustoffkunde (Vorlesung)	14.00–14.45 Gestalten
	15.45–17.30 Baukonstruktion (Übung)	16.45–18.15 Baugeschichte (Vorlesung)	15.00–16.30 Tragwerklehre (Übung)	

Dazu kommen noch einige Wochenstunden, Tage und Wochenenden für „Hausaufgaben“. Bereits im ersten Semester bekommen die Studierenden Entwurfsaufgaben, Konstruktionsaufgaben und müssen Modelle bauen, z. B. für die Fächer Entwurf und Tragwerklehre. Diese Hausaufgaben sind sehr zeitintensiv. Für den Modellbau und für das Zeichnen wird außerdem sehr viel Material verbraucht (das sollte in das Monatsbudget einkalkuliert werden). Wer während der Schulzeit gerne mit den verschiedensten Materialien gebastelt hat, wird sicherlich einen leichteren Start haben als derjenige, der dahingehend seine Fantasie, Kreativität und Fingerfertigkeit weniger geübt hat.

In diesem Zusammenhang ist es wichtig, darauf hinzuweisen, dass Architekturstudenten auf einen großen Schreibtisch angewiesen sind; eine Tiefe von 90 cm ist zum Zeichnen erforderlich! Im Hauptstudium sollte der Arbeitsplatz nicht mehr in der eigenen Wohnung sein; man sollte sich um einen Platz im Zeichensaal kümmern. Wer Architektur studiert, benötigt außerdem Extra-Geld für Materialien und Exkursionen, hat aber wenig Zeit, nebenbei Geld zu verdienen!

Auch *Innenraumplanung* und *-gestaltung* sowie *Landschafts-* und *Gartengestaltung* können Bestandteil des Grundstudiums sein. Generell sind dies typische Vertiefungs- bzw. Schwerpunktfächer im Hauptstudium. Dies gilt gleichermaßen für *Archäologie* und *Architektursoziologie* sowie *Städtebau* und *Siedlungswesen. Rechnerunterstütztes Entwerfen und Konstruieren* (graphische DV, Computer Aided Design/CAD) ist sowohl im Grund- als auch im Hauptstudium zu finden. Der *Modellbau* ist in manchen Studien- und Prüfungsordnungen gesondert genannt, meistens ist er Bestandteil von Tragwerklehre, Baukonstruktion und Entwerfen.

Für die *Diplomvorprüfung* sind i. d. R. folgende Fächer relevant: Baukonstruktion, Tragwerklehre, Baustofflehre, Entwerfen und Baugeschichte. Dabei handelt es sich aber nur um „Minimalangaben“. Grundsätzlich steht der gesamte dargestellte Fächerkatalog zur Disposition. Einzelheiten sind den jeweiligen Landesregelungen zur Prüfungsordnung für den Studiengang Architektur zu entnehmen (Kultushoheit der Länder!).

Hauptstudium

Während die Studienpläne der einzelnen Hochschulen im Grundstudium durchaus ähnlich sind, gibt es im Hauptstudium starke Abweichungen. Für alle gilt, dass in der Gesamtkonzeption der Technik ebenso Rechnung getragen wird wie der Kreativität, dem konstruktiven/konstruierenden Denken und Arbeiten wie der Kunst und der Gestaltung. Zu diesen Disziplinen kommt im Hauptstudium häufig – teils auch schon im Grundstudium – der rechts- und sozialwissenschaftliche Themenkomplex hinzu.

Letzterer ist insbesondere in den universitären Studien- und Prüfungsordnungen zu finden.

Wenn auch der *Entwurf* im Mittelpunkt des Hauptstudiums/Vertiefungsstudiums steht, sind weiterhin vertiefte Kenntnisse und Fähigkeiten in den Fachgebieten aus dem Grundstudium zu erwerben. Ggf. sind auch noch Leistungsnachweise zu erbringen in: Gebäudeplanung, Städtebau, Achitekturtheorie, Darstellung und Gestaltung. Aber auch Planungs- und Baurecht, Bauwirtschaft/Baubetrieb, Bauökonomie und Architektursoziologie gehören ebenso zum Pflichtfächerkanon wie Technik/Konstruktion.

Der Katalog der *Wahlpflichtfächer* kann beinhalten: Innenraumplanung, Denkmalpflege, Archäologie, Landschafts- und Gartengestaltung, Bauen in Entwicklungsländern, Städtebau, Raumakustik/Schallschutz, Brandschutz, Lichttechnik, Vermessungskunde, Kunstgeschichte, Modellbau, Tragwerklehre, Architekturgeschichte/Baugeschichte.

Zu einem Architekturstudium gehören auch relativ viele *Exkursionen*. An den meisten Hochschulen gibt es mindestens einmal jährlich ein entsprechendes Angebot. Solche Exkursionen dienen dem Praxisbezug, sie sind gewissermaßen Anschauungsunterricht für Architekturtheorie, Baugeschichte, Kunstgeschichte oder auch Gestalten. Exkursionen können sowohl „Ausflüge“ in die nähere Umgebung des jeweiligen Hochschulstandorts als auch Reisen in andere Länder sein.

Die bereits erwähnte Mindest-/Regelstudienzeit wird von den meisten Studierenden zum Teil erheblich, d. h. bis zu sechs Semestern, überschritten. Dies liegt selten daran, dass die Studierenden „gebummelt“ haben. Vielmehr sind die Anforderungen in der Diplomprüfung häufig so hoch, dass diesen mit einem Mindestzeitstudium nicht Genüge geleistet werden kann. Während an den Fachhochschulen ca. zwei Semester mehr einzuplanen sind, kommt es an den Universitäten durchweg zu einer „Verlängerung“ von drei bis vier Semestern.

1.2 Ausgewählte Studienpläne

Die nachfolgend abgedruckten Auszüge aus Studienplänen, Prüfungsordnungen und Infoblättern verschiedener Hochschulen sollen einen Einblick in den Aufbau der vielfältigen Studienangebote der unterschiedlichen Hochschulen geben. Die getroffene Auswahl ist keinesfalls als Wertung/Bewertung zu verstehen.

Diese Auszüge sollen die Unterschiedlichkeit (aber auch etwaige Gemeinsamkeiten) der Studiengänge der Architektur an den unterschiedlichen Hochschulen dokumentieren. Gleichzeitig sind sie als Aufforderung zu verstehen, sich detaillierte Informationen bei den jeweiligen Hochschulen zu besorgen, d. h. wer sich für einen oder mehrere Wunschorte entschieden hat, sollte diese anschreiben und um die Studien- und Prüfungsordnungen sowie weitere verfügbare Informationsmaterialien zum Studiengang bitten. Auch ein Besuch „via Internet" kann fundierte Auskünfte geben!
Informationen über das entsprechende Angebot der Hochschulen sind ebenfalls in der Datenbank KURS der Bundesanstalt für Arbeit in den Berufsinformationszentren der Arbeitsämter bzw. übers Internet abrufbar.

1.2.1 Universitäten und Gesamthochschulen

Auszug aus der Information für Studierende der Fakultät für Architektur der **Rheinisch-Westfälischen Technischen Hochschule (RWTH) Aachen:**

Im Zentrum der Lehre und Forschung des Faches Architektur steht das gesamte Berufsfeld der Architekten, insbesondere der Entwurf …

Prüfungsgebiete	TN	Art der Prüfung	SWS ges.	Prüfungsabschnitt I		Prüfungsabschnitt II	
				1. Sem.	2. Sem.	3. Sem.	4. Sem.
1 Allgemeine Grundlagen							
Baugeschichte	TN	P	6		2	2	2
Kunstgeschichte/ Architekturtheorie		LN	4			2	2
2 Gestaltung und Darstellung							
Zeichnen, Malen, Perspektive		LN	8	4	4		
Plastik		LN	4	2	2		
Darstellende Geometrie		LN	4	2	2		
Bauaufnahme	TN	Z	2				2
3 Bautechnik							
Baukonstruktion		LN, E	17	5	5	4	3
Tragwerkslehre	TN	LN, E	12	4	4	2	2
Baustoffkunde/Werklehre		K	4	2	2		
Bauphysik/Techn. Ausbau	TN	Z	6			3	3

Prüfungsgebiete	TN	Art der Prüfung	SWS ges.	Prüfungs-abschnitt I		Prüfungs-abschnitt II	
				1. Sem.	2. Sem.	3. Sem.	4. Sem.
4 Gebäudeplanung							
Einführung in das Entwerfen	TN	LN, E	12	6	6		
5 Stadtplanung							
Städtebau			5			1	4
Planungstheorie	TN	E	4			1	3
Landschaftsgestaltung	TN	LN	3			2	1
E Entwerfen							
Kleiner Entwurf		E	6				6
PF Pflichtfächer (14 Fächer)			97	25	27	17	28
Wahlfächer (nicht prüfungsrelevant)			4				
Summe SWS			101	25	27	17	28

Stand 09/99

Prüfungsab. = Prüfungsabschnitt, SWS = Semesterwochenstunden, TN = Teilnahmenachweis erforderlich
Prüfungsarten: LN = Leistungsnachweis, P = mündliche Prüfung, Z = zeichnerische Übung, E = Entwurfsübung mit Kolloquium, K = Klausurarbeit.
Stehen in einem Feld zwei Abkürzungen, bedeutet dies, dass in dem jeweiligem Fach zwei Prüfungen abzulegen sind.

Baupraktikum vor der Diplomvorprüfung
Die Dauer des Praktikums beträgt mind. vier Monate (120 Tage – einschließlich Samstage, Sonntage und Feiertage), davon sollen zwei Monate möglichst in einem Betrieb abgeschlossen werden. Der Studierende soll handwerkliche Kenntnisse erwerben aus dem Beruf des Maurers/Betonbauers und/oder des Zimmermanns und/oder Schreiners und dabei aus der „Froschperspektive" erfahren, wie gebaut, geschreinert und gezimmert wird. Das Praktikum kann nur in Handwerks- bzw. Industriebetrieben des Bauwesens abgeleistet werden.

Der Nachweis einer praktischen Tätigkeit zum Studienbeginn ist nicht erforderlich, wird aber empfohlen. Bis zur Meldung zur Diplomvorprüfung muss das Praktikum abgeschlossen sein.

In einem Arbeitsbericht (ca. zwei Seiten) muss ein Schwerpunkt aus dem Bereich der Praktikumstätigkeit erläutert werden (evtl. ergänzt durch Skizzen).
Zeitdauer und Art der Tätigkeit müssen durch die jeweiligen Arbeitgeber (Firmenbescheinigungen) bestätigt werden.

Struktur des Hauptstudiums:

Entwürfe
Gebundener Entwurf Bautechnik
Gebundener Entwurf Gebäudeplanung
Gebundener Entwurf Stadtplanung
sechs Stegreifentwürfe (oder ein freier Entwurf, zwei Stegreifentwürfe)
ein Schwerpunktentwurf (oder ein freier Entwurf + eine Studienarbeit oder zwei freie Entwürfe oder nur bei vorgegebener Vertiefung eine große Studienarbeit

Pflichtfächer
Kunstgeschichte, Architekturtheorie, Baugeschichte, Stadtbaugeschichte, Bildnerische Gestaltung, Zeichnen und Malen, Plastik, CAADI, DG

Wahlpflichtfächer
Wahlpflichtfächer (mind. acht) im Umfang von 24 Punkten frei wählbar bzw. nach Vertiefungsrichtung vorgegeben.

Wahlfächer
Wahlfächer sind nicht prüfungsrelevante Fächer, die im Umfang von 8 SWS aus dem gesamten Angebot der Hochschule belegt werden sollen.

Selbstgewählte Vertiefung (nur ein Beispiel)
Entwürfe
Gebundener Entwurf Bautechnik
Gebundener Entwurf Gebäudeplanung
Gebundener Entwurf Stadtplanung
sechs Stegreifentwürfe
ein Schwerpunktentwurf (selbst gew.)
Pflichtfächer
Stadtbaugeschichte
Bildnerische Gestaltung

Wahlpflichtfächer
Baukosten und -vergabe (Bauko II)
Bauentwurf 1 (Gebäudelehre)
Planungsgrundlagen für Entwicklungsländer (Planungstheorie)
Entw. von Tragwerken (TWL)
Druckgraphik (Bildnerische Gestaltung)
Aachener Bauten (Baugeschichte)
Städtebauliche Gestaltanalyse (Städtebau)
Geschichte der modernen Architektur (Architekturtheorie)
Methoden städtebaul. Entwerfens (Städtebau)
Wahlfächer

Vertiefung „Planen und Bauen im Bestand/Denkmalpflege"
Entwürfe
Gebundener Entwurf Bautechnik
Gebundener Entwurf Gebäudeplanung
Gebundener Entwurf Stadtplanung
sechs Stegreifentwürfe (oder ein freier Entwurf, zwei Stegreifentwürfe, ein Schwerpunktentwurf oder große Studienarbeit oder freier Entwurf + Studienarbeit „Planen und Bauen im Bestand"
Pflichtfächer
Kunstgeschichte, Architekturtheorie, Baugeschichte, Stadtbaugeschichte
Bildnerische Gestaltung, Zeichnen und Malen, Plastik, CAADI, DG
Wahlpflichtfächer
Geschichte der Konstruktion (Baugeschichte, Denkmalpflege)
Bauforschung (Baugeschichte, Denkmalpflege)
Theorie der Denkmalpflege (Denkmalpflege)
Denkmalpflege und Erhaltungstechniken (Denkmalpflege)
Planen im Bestand (Wohnbau/Denkmalpflege) oder Stadterneuerung (Planungstheorie)
Wahlfächer

Vertiefung „Konstruktion"
Entwürfe
Gebundener Entwurf Bautechnik
Gebundener Entwurf Gebäudeplanung
Gebundener Entwurf Stadtplanung
sechs Stegreifentwürfe (oder ein freier Entwurf, zwei Stegreifentwürfe)

ein Schwerpunktentwurf oder große Studienarbeit oder freier Entwurf + Studienarbeit „Konstruktion“
Pflichtfächer
Kunstgeschichte, Architekturtheorie, Baugeschichte, Stadtbaugeschichte, Bildnerische Gestaltung, Zeichnen und Malen, Plastik, CAADI, DG
Wahlpflichtfächer
Sondergebiete (Baukonstruktion, Konstr., Entwerfen, Tragwerklehre) oder
Sondergebiete Bauphysik, Techn. Ausbau)
Baukosten und Vergabe (Baukonstruktion)
Wahlfächer

Vertiefung „Stadtplanung“
Entwürfe
Gebundener Entwurf Bautechnik
Gebundener Entwurf Gebäudeplanung
Gebundener Entwurf Stadtplanung
Sechs Stegreifentwürfe (oder ein freier Entwurf + zwei Stegreifentwürfe)
ein Schwerpunktentwurf oder große Studienarbeit oder freier Entwurf + Studienarbeit „Stadtplanung“
Pflichtfächer
Kunstgeschichte, Architekturtheorie, Baugeschichte, Stadtbaugeschichte)
Bildnerische Gestaltung, Zeichnen und Malen, Plastik, CAAD, DG
Wahlpflichtfächer
Wohnbau (Wohnbau) oder Sondergebiete
Planungsrecht und Bauleitplanung (Städtebau, Stadtbauwesen)
Stadt- u. Regionalplanung (Städtebau)
Stadttechnik (Städtebau)
Methoden städtebaul. Entwerfens (Städtebau) oder Theorien der Planung (PT)
Stadterneuerung (PT)
Stadtökonomie (PT)
Planungsgeschichte (PT)
Landschaftsgestaltung (LÖK)
Freiraumplanung (Freiraumpl.)
Wahlfächer

Die Vertiefungsrichtung „Stadtplanung“ ist aus dem schon lange bestehenden Studienschwerpunkt „Städtebau“ entstanden, der in Aachen eine lange Tradition hat. Der Studienabschluss ist der eines Diplom-Ingenieurs mit der Vertiefung Stadtplanung.

Für die berufliche Praxis bedeutet dies, dass sich den Absolventen dieses Studienschwerpunkts ein verbreitertes Berufsspektrum eröffnet:

- Sie sind einerseits „kammerfähig“ im Sinne der Architektenkammer, d.h. nach entsprechender Berufserfahrung können sie als freie Architekten zugelassen werden;
- sie werden im öffentlichen Dienst für das Referendariat „Hochbau“ zugelassen, da die Ausbildung die Voraussetzungen der Rahmenprüfungsordnung erfüllt; hiermit eröffnen sich Tätigkeiten bei Hochbauämtern von Gemeinden und von anderen Körperschaften des öffentlichen Rechts;
- sie werden darüber hinaus aber auch noch im öffentlichen Dienst für das Referendariat „Städtebau“ zugelassen, da die Ausbildung auch die hier geltenden besonderen Voraussetzungen erfüllt; hiermit eröffnen sich Tätigkeiten bei Stadtplanungsämtern von Gemeinden und von anderen Körperschaften des öffentlichen Rechts und bei Siedlungs- und Wohnungsbau-Gesellschaften.
- Ihnen eröffnen sich darüber hinaus Tätigkeiten in der auf Städtebau, Siedlungs- und Wohnungswesen und auf Umweltplanung bezogenen Forschung und Beratung, die von freien Beraterfirmen und Instituten der Hochschulen durchgeführt werden.

Büropraktikum nach der Diplomvorprüfung

Zwischen Diplomvorprüfung* und der Diplomprüfung ist ein Büropraktikum von mindestens zwei Monaten (60 Tage)** Dauer zu absolvieren. Der Studierende soll sich einen Überblick verschaffen über die Arbeit in Architekturbüros. Das Praktikum kann im Architektur-, Städtebau-, Bauleitungs- (und in kommunalen Planungsbüros) abgeleistet werden. Die ausbildenden Architekten und Stadtplaner müssen Mitglied der jeweils zuständigen Architektenkammer sein. In einem Arbeitsbericht (ca. zwei Seiten) muss ein Schwerpunkt aus dem Bereich der Praktikumstätigkeit erläutert werden. Zeitdauer und Art der Tätigkeit müssen durch die jeweiligen Arbeitgeber (Bürobescheinigung/mit Siegel über die Mitgliedschaft in der Architektenkammer) bestätigt werden.

* Das Praktikum kann frühestens nach der zuletzt bestandenen Prüfung der Diplomvorprüfung begonnen werden.

** einschließlich Samstage, Sonntage und Feiertage

Auszug aus dem Uni-Info der
Brandenburgischen Technischen Universität Cottbus:

Studiengang Architektur
Ziel des Architekturstudiums in Cottbus ist es, den angehenden Architekten die Methoden zu vermitteln, mit denen entwerferisch und ökologisch-energetisch ausgewogene sowie gleichzeitig aktuelle Architekturen geschaffen werden.

Das Grundstudium (1. bis 4. Semester) ist die Start- und Orientierungsphase. Es ist als reines Pflichtfachstudium – ergänzt um fachübergreifende Wahlpflichtfächer – organisiert, um den Studierenden einen fließenden Übergang von der Schule in die Universität zu ermöglichen. Das Grundstudium dient der Vermittlung des für die Berufsausübung unverzichtbaren Basiswissens. Im Grundstudium werden möglichst viele Einzeldisziplinen praxisnah an den von den Studierenden selbst erarbeiteten Lösungsansätzen gelehrt (so genanntes Projektstudium). Die komplexen Anforderungen und Methoden sowie das Zusammenspiel der Fachingenieure werden so schon früh vermittelt. Überdies wird an der BTU Cottbus CAD (Computereinsatz im Entwurfsprozess) bereits im Grundstudium gelehrt. Nach dem 4. Semester sollen die Studierenden das Grundstudium mit dem so genannten „Vordiplom" abschließen. Dieses Vordiplom wird bundesweit anerkannt, um auch den Wechsel von einer Hochschule zu einer anderen möglich zu machen.

Das Hauptstudium wird als Wahlpflichtstudium durchgeführt, es dient der Vertiefung der fachspezifischen Kenntnisse. Hierbei bietet sich die Möglichkeit, je nach persönlichen Vorlieben und/oder zu erwartenden Berufschancen Vertiefungsrichtungen aus den angebotenen Fächern auszuwählen. Folgende Vertiefungsmöglichkeiten bieten sich derzeit:
- Baudurchführung, Baumaterialien und -prozesse, Bauprozesssteuerung, CAD, Managementstrukturen/Gebäudebewirtschaftung (Facility Management);
- Sanierung von Hochbauten, denkmalgeschützte Bausubstanz, städtebauliche Erhaltung ortsbildprägender und zu schützender Siedlungsräume;
- Entwerfen, Konstruieren, Baubiologie, energiebewusstes Bauen.

Das Architekturstudium an der BTU Cottbus ist in inhaltlichen Blöcken organisiert, die sich mit wechselnden Themen durch das Grund- und Hauptstudium ziehen. Das Hauptstudium wird mit 15 studienbegleitend abzulegenden Fachprüfungen beendet. Das zehnte Semester ist der Diplomarbeit vorbehalten. Die Studierenden zeigen in ihren Arbeiten, dass sie in der Lage sind, mit architektonischen Methoden eine Entwurfsaufgabe selbstständig zu bearbeiten und damit die Berufsfähigkeit erreicht haben. Das Studium wird mit der Verleihung des akademischen Grades Diplom-Ingenieur/in Architektur abgeschlossen.

Ablauf des Studiengangs

A. Allgemeine wissenschaftliche und künstlerische Grundlagen
- Bau- und Kunstgeschichte
- Theorie der Architektur
- Bauaufnahme und Vermessung
- Wirtschaftliche Grundlagen
- Denkmalpflege

B. Künstlerische Grundlagen und Architekturdarstellung
- Malen und Zeichnen
- Plastisches Gestalten
- Architekturdarstellung
- Architekturinformatik und CAD

C. Entwerfen und Gestalten
- Baukonstruktion und Entwerfen
- Entwerfen, Wohn- und Sozialbauten
- Entwerfen, Verkehrsbauten und Arbeitsstätten
- Entwerfen, Gebäudelehre und Innenraumgestaltung
- Entwerfen, Bauen im Bestand

D. Konstruktion und Technik
- Baukonstruktion
- Tragwerkslehre
- Technischer Ausbau
- Bauwirtschaft und Planungsmanagement
- Bauökonomie
- Baustoffe und Bauchemie
- Bauphysik
- Baurecht

E. Städtebau und Landschaftsplanung
- Städtebau
- Städtebauliche Infrastruktur und Stadttechnik
- Freiflächen- und Landschaftsgestaltung
- Landschaftsplanung

F. Wahlpflichtbereich I
Fachübergreifendes Wahlfach
- Kunstgeschichte
- Soziologie
- Rechtswissenschaften
- Wirtschafts- und Arbeitswissenschaften
- Ökologie

G. Wahlpflichtbereich II
- Fächergruppe Gestaltung
- Fächergruppe Konstruktion und Technik
- Fächergruppe Allgemeine Grundlagen
- Fächergruppe Baudurchführung

Studiengang Stadt- und Regionalplanung
Erstmalig in der Bundesrepublik ist in Cottbus die Stadt- und Regionalplanung als eigenständiger Studiengang – auf der Grundlage der Rahmenprüfungsordnung des Architekturstudiums – eingerichtet worden.
Der Studiengang bildet auf das Berufsbild des „Städtebauers" bzw. des „Architekten für Städtebau" hin aus. Die Stadt- und Regionalplanung in Cottbus besetzt somit die Schnittstelle zwischen dem klassischen Studiengang Architektur und der Raumordnung. Die Absolventinnen und Absolventen der Stadt- und Regionalplanung sollen als freiberufliche Stadtplaner und als Planer in Kommunen und Behörden mit den Grundlagen der Bauleitplanung vertraut sein. Gleichzeitig müssen sie als Architekten für Städtebau auch darum wissen, wie Stadträume gestaltet werden können.
Neben dem strategischen Vorgehen und dem planerischen Fachwissen sollen in besonderem Maße Kreativität, Entwurfsfähigkeit und das Denken in räumlichen Zusammenhängen vermittelt werden.

Die Grenzen zwischen den Studiengängen Architektur und Stadt- und Regionalplanung werden an der BTU Cottbus bewusst fließend gehalten. Denn erfolgreiche Stadtplanung besteht darin, Fachwissen und Strategien auf unterschiedlichen Planungsebenen einzubringen. Das Aufgabenfeld der Stadtplanung ist weit gesteckt. Es geht zum Beispiel um Eingriffe in das Stadtbild, die Stadtgestaltung oder auch um Fragen der Verdichtungen und Umstrukturierungen im Bestand bis hin zu Problemen des flächenhaften Wachstums eines Siedlungsgebiets und Beachtung der sozialen, ökonomischen und umweltrelevanten Folgen. Von daher muss jede Entscheidung sowohl räumlich als auch inhaltlich begründet werden können. Traditionelle Hierarchien von Planungsebenen werden durch Strategien ersetzt, die ihre Planungsziele quer zu allen hierarchischen Strukturen zu erreichen suchen. Die Wechselbeziehungen zwischen Bebauung, Baustrukturen, öffentlichem Raum und Funktionen der Planungsgrundlage Landschaft erfordern ganzheitliche Konzepte auf allen Ebenen der Planung. Der Begriff der Planung erhält auf diese Weise eine Neuakzentuierung und ist unter den genannten veränderten Prämissen Grundlage für das Profil des Studiengangs Stadt- und Regionalplanung.

Wie auch im Studiengang Architektur wird die Lehre in der Stadt- und Regionalplanung im Blocksystem durchgeführt. Das heißt, im Grundstudium müssen die Studierenden aus allen Fächergruppen bestimmte Kurse belegen. Im Hauptstudium können sie dann ganz nach ihren Wünschen (freilich im Rahmen der Studienordnung) bestimmte Themenfelder auswählen und nach individueller Interessenlage Schwerpunkte setzen. Die Lehrstühle des Studiengangs sind mit vernetzten PC- und Workstation-Arbeitsplätzen ausgestattet, die alle anstehenden Anwendungsmöglichkeiten im CAD- und DTP-Bereich für stadtplanerische Aufgaben bieten.

Ablauf des Studiengangs

A. Theorie und Grundlagen
- Allgemeine Ökologie
- Theorie der Planung, Theorie der Architektur
- Stadtbau- und Baugeschichte
- Denkmalpflege, Bauaufnahme
- Allgemeine wirtschaftliche und rechtliche Grundlagen
- Stadt- und Regionalsoziologie
- Wahlpflichtfach Theorie und Grundlagen
- Fachübergreifendes Projekt (oder Wahlpflichtfach als Projekt)

B. Darstellen, Gestalten und Informatik
- Zeichnen, Malen und Plastisches Gestalten
- Architekturdarstellung, Darstellungstechniken
- Karten- und Luftbildauswertung
- CAD im Städtebau

C. Studienprojekte Stadt- und Architekturentwürfe
- Studienprojekt Stadt
- Integriertes Studienprojekt Stadtplanung, Architektur, Bauingenieurwesen
- Studienprojekt Architektur
- Kurzzeitstudienprojekte
- Gebäudekunde
- Exkursionen

D. Management, Planungs- und Bautechniken
- Baukonstruktion, Gebäudesanierung
- Tragwerke, Tragsysteme
- Baustoffe, Bauchemie, Bauphysik
- Gebäudetechnik
- Planungsökonomie
- Verwaltungswissenschaft und Stadtmanagement (Wirtschaftsförderung)

E. Stadt- und Regionalplanung
- Städtebau und Dorfplanung
- Stadtplanung – Verfahren und Instrumente
- Stadt- und Verkehrstechnik
- Stadttechnik
- Verkehrsplanung
- Freiflächengestaltung und Landschaftsplanung
- Regionalplanung
- Umweltplanung (Boden-, Luft-, Gewässerschutz)
- Planungs-, Bau-, Boden- und Umweltrecht

Praktikumsregelungen
Achtwöchiges Baupraktikum bis zum Abschluss des Grundstudiums; zweimonatiges Büropraktikum in einem Architektur- oder Stadtplanungsbüro im Hauptstudium.

Auszug aus dem Merkblatt der Zentralen Studienberatung der
Technischen Hochschule Darmstadt:

Studienaufbau

Das Studium gliedert sich in Grundstudium und Hauptstudium. Beide werden mit Prüfungen abgeschlossen. Im Grundstudium sollen Grundkenntnisse für eine spätere Berufspraxis vermittelt und ein Überblick über Zusammenhänge und Wertigkeiten in den verschiedenen Aufgabenbereichen der Architektentätigkeit gegeben werden. Das Lehrangebot des Grundstudiums gliedert sich in folgende Bereiche:

Der *Orientierungsbereich* informiert über das Studienfach und über den angestrebten Beruf. Vorlesungen, Übungen und kleinere Projektarbeiten führen in die verschiedenen Lehrbereiche ein. Hierzu gehören auch fachübergreifende und interdisziplinäre Veranstaltungen, die eine entsprechende Denk- und Arbeitsweise fördern.

Im *Pflichtbereich* stehen die theoretischen Grundlagen, die fachspezifischen Arbeitsweisen und Fertigkeiten und vor allem das Entwerfen im Mittelpunkt. Im Einzelnen sind dies folgende Lehrbereiche:

A – Historische Grundlagen und ergänzende Wissenschaften (ca. 8 SWS [Semesterwochenstunden])
B – Gestaltung und Darstellung (ca. 22 SWS)
C – Konstruktion und Technik (ca. 34 SWS)
D – Gebäudeplanung (2 SWS)
E – Stadtplanung (2 SWS)
F – Entwerfen (26 SWS)
G – Exkursion (1 bis 3 Tage)

Der *Wahlpflichtbereich* bietet die Möglichkeit, aus einem Angebot von fachspezifischen, benachbarten oder anderen Fachgebieten Fächer zu wählen, um nach eigenen Interessen und Neigungen bzw. im Hinblick auf die spätere Schwerpunktbildung Kenntnisse zu vertiefen. Hierzu gehören die Veranstaltungen des Lehrbereichs A (Allgemeine wissenschaftliche Grundlagen) mit 8 SWS und ein Fach aus anderen Fachbereichen der THD oder anderen wissenschaftlichen Hochschulen mit 4 SWS.

Das Grundstudium wird mit der Diplomvorprüfung abgeschlossen. Sie kann in mehreren Abschnitten abgelegt werden, sie muss innerhalb von zwei Jahren, beginnend mit der ersten fristauslösenden Prüfung, abgeschlossen sein. Die Prüfungsfächer liegen in den Lehrbereichen:

A – Baugeschichte oder Kunstgeschichte oder Klassische Archäologie
B – Zeichnen/Malen
C – 1. Baukonstruktion
2. Baustoffkunde, Gebäudetechnik, Bauphysik
3. Statik
wahlweise
D – Grundlagen der Gebäudekunde
oder
E – Grundlagen des Städtebaus

Das Hauptstudium gliedert sich im Einzelnen in:

1. Wahlpflichtbereich, mindestens je ein Fach aus den Lehrbereichen (jeweils 8 SWS):
A – Baugeschichte, Kunstgeschichte, Klass. Archäologie
B – Zeichnen/Malen, Plastisches Gestalten, Visuelle Kommunikation und Architekturdarstellung
C – Baukonstruktion, Technologie, Tragwerkslehre
D – Gebäudekunde, Raumgestaltung, Wohnungsbau, Industrie- und Gewerbebau
E – Städtebau und Siedlungswesen, Landschaftsplanung, Planen und Bauen in Entwicklungsländern
F – Entwerfen (39 SWS) 4 Entwürfe (Hochbau und max. 2 Städtebau), 7 Stegreife (Hochbau und 2, max. 3 Städtebau)
G – Exkursion (mind. 3 Tage)

2. Wahlbereich (24 SWS)
Drei Wahlfächer aus den Lehrbereichen A – E, die nicht als Wahlpflichtfächer gewählt wurden bzw. ergänzend vertieft werden. Auf Antrag können auch andere, für die Architektentätigkeit relevante Fächer als Prüfungsfächer gewählt werden.

Die Diplomprüfung besteht aus acht mündlichen Prüfungen in den Wahlpflicht- und Wahlfächern sowie aus der Diplomarbeit. Die Diplomarbeit kann nach Ablegung der letzten Diplomprüfung begonnen werden, die Bearbeitungszeit beträgt zehn Wochen. Die Prüfungen und die Diplomarbeit müssen innerhalb von zwei Jahren, beginnend mit der ersten fristauslösenden Prüfung, abgeschlossen sein.

Praktikum
Die Gesamtzeit des Praktikums beträgt neun Monate, davon drei Monate als Baupraxis und sechs Monate als Büropraxis. Die drei Monate Baupraxis müssen bis zum letzten Abschnitt der Diplomvorprüfung und die sechs Monate Büropraxis

bis zum letzten Abschnitt der Diplomprüfung nachgewiesen werden. Genaue Regelungen sind in der Praktikantenordnung für den Studiengang Architektur enthalten.

Studienplan des Grundstudiums Architektur
(Erläuterungen: SWS = Semesterwochenstunde; V = Vorlesung; PS = Proseminar; S = Seminar; Ü = Übung; P = Praktikum)

1. Semester – gesamt 27 SWS	
Grundlagen der Architektur I = 2 V	
Bauentwurfslehre und Entwerfen I	= 1 V + 3 S
Baukonstruktion I	= 2 V + 3 S
Baust./Bauphysik I	= 1 V
Statik I	= 2 V + 2 Ü
Baugesch./Kunstgesch./Klass. Archäologie	= 2 PS
Zeichnen/Malen I	= 1 V + 2 S
Plastisches Gestalten I	= 1 V + 2 S
Darstellende Geometrie I	= 1 V + 1 Ü
Orientierungsveranstaltung	
2. Semester – gesamt 26 SWS	
Grundlagen der Architektur II	= 2 V
Bauentwurfslehre und Entwerfen II	= 1 V + 3 S
Baukonstruktion II	= 2 V + 3 S
Geb.-Techn./Bauphysik II	
Statik II	= 2 V + 2 Ü
Bauaufnahme	= 2 Ü
Zeichnen/Malen II	= 1 V + 2 S
Plastisches Gestalten II	= 1 V + 2 S
Darstellende Geometrie II	= 1 V + 1 Ü
3. Semester – gesamt 27 SWS	
Entwerfen Hochbau und Städtebau	= 3 S
Konstruktives Entwerfen	= 6 S
Grundlagen der Gebäudekunde I	
Grundlagen des Städtebaus I	
Baukonstruktion III	= 2 V
Gebäudetechnik/Bauphysik III	= 1 V + 1 Ü

Statik III	= 2 V + 1 Ü
Zeichnen/Malen III	= 1 V + 2 S
Wahlpflichtfach aus „Historische Grundlagen und ergänzende Wissenschaften" Baugeschichte oder Kunstgeschichte	= 2 V + 2 S
Wahlpflichtfach	= 1 V + 1 S
4. Semester – gesamt 27 SWS	
Entwerfen Hochbau oder Städtebau	= 3 S
Konstruktives Entwerfen	= 6 S
Grundlagen der Gebäudekunde II	
Grundlagen des Städtebaus II	
Baukonstruktion IV	= 2 V
Baustoffkunde/Baustoffpraktikum	=2 Ü
Statik IV	= 2 V + 1 Ü
Zeichnen/Malen IV	= 1 V + 2 S
Wahlpflichtfach aus „Historische Grundlagen und ergänzende Wissenschaften" Baugeschichte oder Kunstgeschichte	= 2 V + 2 S
Wahlpflichtfach	= 1 V + 1 S

Auszug aus dem Merkblatt der
Technischen Universität Dresden:

Studiengang Architektur
Studieninhalt/Studienverlauf
Die Regelstudienzeit beträgt einschließlich der Diplomarbeit zehn Semester. Das Studium gliedert sich in ein viersemestriges Grundstudium, ein fünfsemestriges Hauptstudium und das Diplomsemester.

Das Grundstudium umfasst die Grundlagenfächer:
Baugeschichte, Darstellende Geometrie, Schriftgestaltung, Freihandzeichnen, Farben- und Formenlehre, Körper- und Raumkomposition, Baustoffe, Baukonstruktion, Tragwerklehre, Bauklimatik, Technischer Ausbau, Grundlagen der Planungs- und Bauökonomie, Vermessungskunde und Bauaufnahme, Grundlagen der Gebäudelehre, Innenraumgestaltung, Grundlagen des Städtebaus, Grundlagen der Freiraumgestaltung, Grundlagen des Entwerfens, Kleiner Entwurf Gebäudelehre.

Es werden wesentliche Kenntnisse und elementare Fähigkeiten für die fachliche Tätigkeit vermittelt. Das Grundstudium soll den Studierenden die Möglichkeit geben, ihre Studienentscheidung zu überprüfen und sich für einen bestimmten Studienschwerpunkt zu entscheiden. Die Diplomvorprüfung schließt das Grundstudium in der Regel vor Beginn der Lehrveranstaltungszeit des fünften Studiensemesters ab.

Das Hauptstudium dient der Erweiterung und Vertiefung der fachspezifischen Kenntnisse, Fähigkeiten und Fertigkeiten und der Anwendung wissenschaftlicher, technischer und künstlerischer Grundsätze bei architektonischen und planerischen Aufgaben.

Das Angebot umfasst die Lehrveranstaltungen:
Ausgewählte Kapitel der Baugeschichte und Architekturtheorie, Planungs- und Baurecht, EDV/CAD, Große Bauaufnahme, Darstellungslehre, Gestaltungslehre, bildnerische Lehre, ausgewählte Kapitel der Baukonstruktion und Tragkonstruktion, Bauausführung, ausgewählte Kapitel der Bauklimatik, ausgewählte Kapitel der Planungs- und Bauökonomie, Wohnbauten, Öffentliche Bauten, Industrie- und Gewerbebauten, Ländliches Bauwesen, Sozial- und Gesundheitsbauten, ausgewählte Kapitel der Gebäudelehre, Innenraumgestaltung, Denkmalpflege, Städtebau, Freiraumplanung und Regionalplanung, ausgewählte Kapitel des Städtebaus, ausgewählte Kapitel der Regionalplanung. Aus dem Lehrangebot sind acht Hauptfächer und drei Ergänzungsfächer auszuwählen und mit Prüfungen abzuschließen.

Im Hauptstudium steht das Entwerfen im Mittelpunkt der Ausbildung. Es sind studienbegleitend vier einsemestrige Hauptentwürfe und eine Seminararbeit zum Vertiefungsseminar zu bearbeiten. Studienbegleitend werden fachliche Exkursionen durchgeführt. Bis zur Diplomhauptprüfung sind im Rahmen des Studium generale, über eine Fremdsprachenausbildung und ein Bau- und Büropraktikum Nachweise zu erbringen. Das Hauptstudium wird mit der Diplomhauptprüfung in der Regel im neunten Studiensemester abgeschlossen. Zur Diplomprüfung gehört die Diplomarbeit mit einer Bearbeitungszeit von 16 Wochen im zehnten Semester. Mit der bestandenen Diplomprüfung wird der akademische Grad „Diplomingenieur/Diplomingenieurin“ (abgekürzt: „Dipl.-Ing.“) verliehen.

Praktikum
Es sind mindestens zwölf Wochen Baustellenpraxis in Betrieben des Bauhauptgewerbes als Voraussetzung für die Zulassung zur Diplomvorprüfung erforderlich. Diese praktische Tätigkeit soll nach Möglichkeit vor Beginn des Studiums geleistet werden. Studienbewerber, die eine Ausbildung in einem Baufachberuf abgeschlossen oder eine in Inhalten und Zielen des Baupraktikums entsprechende Tätigkeit

absolviert haben, weisen damit ihre Baupraxis nach. Bürotätigkeit wird nicht als Baupraxis anerkannt. Zwischen der Diplomvorprüfung und der Diplomhauptprüfung sind zwölf Wochen Büropraktikum nachzuweisen.

Anerkennung von Leistungen
Studien- und Prüfungsleistungen, die an Hochschulen des In- und Auslands erbracht wurden, können nach Maßgabe der Diplomprüfungsordnung anerkannt werden. Die verbindliche Entscheidung trifft die Prüfungskommission.

Auszug aus dem Merkblatt der
Universität Kaiserslautern:

Studiengang Architektur
Durch das Studium der Architektur sollen die Studierenden die wissenschaftlichen, technischen und künstlerischen Voraussetzungen erwerben, die sie befähigen, Bauwerke architektonisch, technisch, organisatorisch und konstruktiv einwandfrei zu planen und deren Durchführung zu betreuen.

Die Bedeutung der Bedürfnisse, Forderungen oder Zielsetzungen unserer Gesellschaft, die auf das Baugeschehen Einfluss haben, soll im universitären Architekturstudium gebührend Beachtung finden.

Weitere Ziele der Ausbildung sind die zunehmend geforderte Kooperationsfähigkeit von Architekt und Fachexperten, die Bereitschaft zur Gruppenarbeit sowie das Bewusstsein der Verantwortlichkeit für unsere gebaute Umwelt.

Das Grundstudium bis zum Vordiplom ist gekennzeichnet durch ein breit gefächertes Lehrangebot. Historische, gestalterische, konstruktive, bautechnische, naturwissenschaftliche und bauwirtschaftliche Kenntnisse und die Einführung in ihre Zusammenhänge werden hier vermittelt.

Das Hauptstudium schließt an mit dem Planungs- und Entwurfsstudium unter fortführender Vertiefung einiger wichtiger Grundlagengebiete und unter Ausweitung des Studienfelds auf soziale und kulturelle Aspekte.

Gliederung und Inhalt des Studiums/Studiumsdauer
Das Studium der Architektur gliedert sich in ein Grund- und ein Hauptstudium von jeweils vier Semestern Dauer. Das Grundstudium, in dem die Studierenden

sich die Grundlagen des Fachs Architektur, ein methodisches Instrumentarium und eine systematische Orientierung aneignen sollen, die erforderlich sind, um das weitere Studium mit Erfolg zu betreiben, wird mit der Diplomvorprüfung abgeschlossen. Das Hauptstudium endet mit der Diplomprüfung, in deren Verlauf der Studierende den Nachweis führen soll, dass er in seinem Fach gründliche Fachkenntnisse erworben hat und die Fähigkeit besitzt, nach wissenschaftlichen Methoden selbstständig zu arbeiten.

Leistungsnachweise sind derzeit in folgenden Fächern zu erbringen:

Grundstudium

Einfache Leistungsnachweise
(in folgenden Fächern sind einfache Leistungsnachweise zu erbringen):
1. Zeichnen und Malen
2. Material, Form und Farbe
3. Darstellungsmethodik
4. Verdingungswesen
5. Vermessung
6. Einführung in die städtebauliche Planung
7. Darstellende Geometrie und Perspektive

Qualifizierte Leistungsnachweise
(in folgenden Fächern sind qualifizierte Leistungsnachweise zu erbringen):
1. Grundlagen des Entwerfens
2. Grundlagen der Baukonstruktion

Hauptstudium

Einfacher Leistungsnachweis:
Ein einfacher Leistungsnachweis ist im Fach „Gebäudelehre“ zu erbringen.

Qualifizierte Leistungsnachweise
(in den folgenden Fächern sind qualifizierte Leistungsnachweise zu erbringen):
Entwerfen
Leistungsnachweise für 3 Semesterentwürfe, 4 große Stegreifentwürfe, 4 kleine Stegreifentwürfe
Konstruktion und Gestaltung

4 Leistungsnachweise aus den folgenden Wahlfächern:
Tragwerkslehre/Massivbau
Stahlbau
Ingenieurholzbau
Baustofftechnologie/Bauschäden
Technische Gebäudeausrüstung
Baulicher Brandschutz
Baubetriebe und Bauüberwachung
Stadtplanung und Ortserneuerung
Landschafts- und Grünordnungsplanung
Ortsbildgestaltung
Regional- und Landesplanung
Umweltschutz und Umweltvorsorge
Computergestütztes Entwerfen
Möbelbau
Freies Zeichnen (Skizzenbuch)
Soziologie des Bauwesens
Wohnungsbau u. Wohnungswirtschaft
Baugeschichte
Denkmalpflege
Techniken der Bauaufnahme
Alte Handwerks- und Konstruktionstechniken
Kunstgeschichte
Bauvertrags-, Vergütungs- und Haftungsrecht
Städtebau- und Bauordnungsrecht
Architekturgrundlagen der Orts- und Stadtplanung II
Integrierte Hochbautechnik
Technisches Englisch
Grundlagen der Programmierung mit benutzerorientierten Programmiersprachen
Ökologie des Hochbaus
Computergestützte Planungsmethoden
Darstellende Geometrie (Vertiefung)
Material, Form und Farbe (Vertiefung)
Gestaltphänomene im Städtebau
Medienexperimentelles Entwurfsseminar

Auszug aus der Broschüre der Fakultät Architektur, Stadt- und Regionalplanung der **Bauhausuniversität Weimar:**

Architektur: Dauer und Aufbau

Die Regelstudienzeit beträgt zehn Semester einschließlich Diplom, wobei vier Semester auf das Grundstudium und sechs Semester auf das Hauptstudium entfallen. Das Studium wird von zwei Säulen getragen

– Fachlehre im engeren Sinne (Vorlesungen, Seminare, Übungen)
– praktische Entwurfsarbeit

Das Grundstudium

In vier Semestern Grundstudium werden Grundlagenkenntnisse sowie ein Überblick über Zusammenhänge und Fertigkeiten in den verschiedenen Aufgabenbereichen des Architekten vermittelt.

Neben der Vermittlung allgemeinen Grundlagenwissens umfasst das Grundstudium Lehrveranstaltungen der Gebiete:

– Allgemeine Grundlagen,
– Darstellen und Gestalten,
– Konstruktion,
– Gebäudeplanung,
– Stadtplanung.

Das Grundstudium schließt mit der Diplomvorprüfung ab.

Das Hauptstudium

Es dient der Vertiefung und Weiterentwicklung der Kenntnisse, Fähigkeiten und Fertigkeiten auf dem Gebiet der Architektur und des Städtebaus, vor allem in den gewählten Schwerpunktfächern. Ein breites Angebot wahlobligatorischer Lehrveranstaltungen unterstützt das Anliegen. Den Abschluss des Hauptstudiums bildet die Diplomarbeit.

Die Entwürfe

Die Arbeit am Entwurf ist das Kernstück der Architektenausbildung. Der Qualifizierung der Entwürfe gilt besondere Aufmerksamkeit. Im Verlaufe des Studiums werden zehn Entwürfe einschließlich der Diplomarbeit angefertigt. Über Pflichtkonsultationen an den Professuren wird die fachspezifische Betreuung gesichert.

Vertiefungsrichtungen

Im Hauptstudium werden folgende Vertiefungsrichtungen angeboten:

– Denkmalpflege
– Bauen und Umwelt/Ökologisches Bauen

– Computergestützte Entwurfs- und Planungsmethoden
– Baumanagement/Bauwirtschaft
– Stadtplanung

Diese Vertiefungsrichtungen können aus dem wahlobligatorischen Lehrangebot des Hauptstudiums gewählt werden. Die Wahl einer Vertiefungsrichtung ist jedoch nicht zwingend vorgeschrieben, es kann auch breit über alle Fächergruppen studiert werden.

Praktika

Für den Studiengang Architektur werden berufsspezifische Praktika von mindestens 26 Wochen Dauer gefordert.

Das Praktikum soll den Studierenden fachspezifische berufspraktische Erfahrungen, Kenntnisse und Fertigkeiten vermitteln. Es kann zu Teilen aus Baustellentätigkeit und berufspraktischer Bürotätigkeit geleistet werden. Ein zusammenhängender Abschnitt von fünf Wochen berufspraktischer Bürotätigkeit ist in jedem Falle dabei nachzuweisen. Die Praktikumsbeschäftigung sollte als Praktikant, nicht als Hilfskraft erfolgen und innerhalb der Tätigkeitsmerkmale des Berufs Architekt liegen.

Fächergruppen und Fächer im Studiengang	
	– Allgemeine Grundlagen – Architekturgeschichte – Architekturtheorie – Philosophie – Denkmalpflege/Bauaufnahme – Kunstgeschichte – Ästhetik – Privates Baurecht – Öffentliches Baurecht – Fremdsprachen
Darstellen und Gestalten	– Darstellungslehre – Farbgestaltung – Typographie/Layout – Gestaltungslehre – Plastik – Perspektive – Freihandzeichnen/Akt

	– Fotografie – Modellbau – CAAD Grundlagen – CAAD Spezialkenntnisse
Konstruktion	– Baukonstruktion – Bauklimatik – Baustoffkunde – Tragwerkkonstruktion – Gebäudetechnik – Tragwerklehre – Computergestützte Statik – Ökologisches Bauen – Bauwerksanierung – Vermessungskunde – Bauwirtschaft – Baumanagement
Gebäudeplanung	– Grundlagen des Entwerfens – Baugestaltung – Gebäudelehre – Innenraumgestaltung – Wohnungsbau – Industriebau – Brandschutz
Stadtplanung	– Städtebau – Siedlungsbau – Stadtbaugeschichte – Stadtsoziologie – Landwirtschaftsarchitektur – Dorfplanung/Siedlungsgeschichte – Regionalplanung – Stadttechnik – Verkehrsplanung

Zusammenstellung aus der Informationsbroschüre des Fachbereichs Architektur der **Bergischen Universität Gesamthochschule Wuppertal:**

Der Fachbereich Architektur an der Bergischen Universität – Gesamthochschule Wuppertal bietet im Rahmen des Gesamthochschulmodells einen besonderen wissenschaftlich-künstlerischen Studiengang Architektur an, für den sich sowohl Abiturientinnen und Abiturienten als insbesondere auch Fachoberschülerinnen und Fachoberschüler ohne allgemeine Hochschulreife bewerben können. Die Zulassung erfolgt nicht über die Zentralstelle für die Vergabe von Studienplätzen (ZVS), sondern über eine künstlerische Aufnahmeprüfung, die jeweils im Sommersemester durchgeführt wird und den Studienbeginn im darauf folgenden Wintersemester ermöglicht. Der Studienverlaufsplan sieht zwei aufeinander folgende Studienabschnitte vor, die zunächst zum Diplom I, danach zum Diplom II führen.

Während sich das insgesamt achtsemestrige Studium zum Diplom I vom Studium an Fachhochschulen nur durch einen stärkeren Theoriebezug unterscheidet, ihm in der Praxisorientierung und im Diplomabschluss jedoch ähnlich ist, ist das darauf folgende dreisemestrige Studium zum Diplom II deutlicher theorie- und wissenschaftsorientiert. Es kann wahlweise in den Studienschwerpunkten „Ökologisches Bauen“, „Umnutzung, Bauerhaltung und -erneuerung“ und „Baumanagement“ absolviert werden.
Sein Abschluss entspricht dem der Technischen Hochschulen und eröffnet die Möglichkeit zur Promotion und Habilitation. Im Weiteren wird nur der Diplomstudiengang D I im integrierten Studiengang Architektur beschrieben.

Diplomstudiengang D I im integrierten Studiengang Architektur
Die Einrichtung des neuen, integrierten Studiengangs Architektur mit den zwei hintereinander geschalteten Diplomstudiengängen D I und D II geht auf das Jahr 1992 zurück. In diesem Jahr genehmigte das Ministerium für Wissenschaft und Forschung Nordrhein-Westfalen diesen modernen und beispielhaften Studiengang Architektur, der auf die gesellschaftliche Wirklichkeit und die aktuellen Aufgabenstellungen im Bereich der Architektur und des Städtebaus nachdrücklich eingehen und zu einer deutlichen Verkürzung der Studienzeiten beitragen sollte und soll. Die Studieninhalte des D-I-Studiengangs orientieren sich an den Erfordernissen der gegenwärtigen und zukünftigen Berufs- und Beschäftigungsfelder von Architektinnen und Architekten im europäischen Raum und tragen ihrer überwölbenden Verantwortung für Baugeschehen und Baukultur in unserer Gesellschaft Rechnung.

Zugangsverfahren
Für die Teilnahme am Zugangsverfahren ist eine Anmeldung erforderlich. Die Einschreibung in den integrierten Studiengang Architektur an der Bergischen Universität – Gesamthochschule Wuppertal wird – unbeschadet der weiteren Einschreibungsvoraussetzungen – von der studienbezogenen künstlerisch-gestalterischen Eignung abhängig gemacht.

Das Feststellungsverfahren gliedert sich in:
- eine Vorauswahl auf Grund einer Mappe mit Arbeitsproben und
- einen Eignungstest, in dem unter Klausurbedingungen Entwurfszeichnungen und entsprechende Modelle erarbeitet werden.

Die Mappe (keine Rolle) soll zwölf künstlerisch-gestalterische Arbeitsproben enthalten, die den Namen der Verfasserin/des Verfassers tragen. Die Arbeitsproben sollen als Originale eingereicht werden. In begründeten Ausnahmefällen (z.B. Bewerbungen bei mehreren Hochschulen) dürfen bis zur Hälfte der eingereichten Arbeiten in Form von Kopien in Originalgröße vorgelegt werden. Von plastischen, dreidimensionalen Objekten sind Fotos zugelassen.
Jeder Mappe müssen ein Lebenslauf und ein Inhaltsverzeichnis beigefügt sein. Die Arbeitsproben sollen Aufschluss über die besondere studienbezogene Eignung geben. Dazu gehören – neben strukturellem Denken – auch eine ausgeprägte visuelle Wahrnehmungsfähigkeit, gutes räumliches Vorstellungsvermögen und eine sichere Darstellungsfähigkeit.
Für die Feststellung der studienbezogenen künstlerisch-gestalterischen Eignung werden die Arbeitsproben und die Klausurergebnisse nach den Bewertungskriterien
- Wahrnehmungsvermögen,
- Vorstellungsfähigkeit und
- Darstellungsfähigkeit beurteilt.

Studienverlauf/Studienziele
Im vier Semester umfassenden Grundstudium, das mit dem Vordiplom abschließt und die Voraussetzung zu den weiterführenden Studien im Hauptstudium bildet, werden zunächst die wissenschaftsorientierten theoretischen Grundlagen der Baugeschichte, Gestaltungstheorie, Entwurfstheorie, Technologie und Baukonstruktion sowie die Denkweisen und Methoden der künstlerisch-gestalterischen Praxis vermittelt.
Im darauf folgenden vier Semester (einschließlich Praxis- und Diplomsemester) umfassenden Hauptstudium werden die bis zum Vordiplom erworbenen Grundkenntnisse insbesondere über das Entwerfen ergänzt, vertieft und einschließlich der Übersicht über die wirtschaftlichen Aspekte des Bauens bis zur Diplomreife geführt.

Studienstruktur/Studieninhalte
Die Lehrveranstaltungen in Grund- und Hauptstudium gliedern sich in diesem Sinne nach folgender Ordnung:

Fächerstruktur im Grundstudium

1 Theoretische Grundlagen
1.1 Baugeschichte (Kunstgeschichte, Designgeschichte, Stadtgeschichte, Denkmalpflege)
1.2 Gestaltungstheorie (Architekturtheorie, Designtheorie, Kommunikationstheorie, – Ästhetik, Psychologie, Soziologie)
1.3 Entwurfstheorie (Entwurfsmethodik, Planungstheorie, Systemtheorie / Bautypologie)
1.4 Technologische Grundlagen (Tragwerklehre, Bauphysik, Baustoffe, Haustechnik)
1.5 Baukonstruktion (Typologie baukonstruktiver Elemente, Baukonstruktive Verbundsysteme)
2 Künstlerisch-gestalterische Praxis
2.1 Grundlagen der Gestaltung
2.2 Darstellung (Freihand, CAD, Darstellende Geometrie)
2.3 Einführung in das Entwerfen/Baugestaltung
3 Entwurf
3.1 Entwurf I, (gestalterisch-konstruktiv, ökologisches Bauen)
3.2 Entwurf II, (gestalterisch-konstruktiv, industrielle Bauproduktion)

Fächerstruktur im Hauptstudium I

1 Theoretische Vertiefungsfächer
1.1 Architekturtheorie (Baugeschichte, Städtebau, Denkmalpflege, Ökologie, Bauerhaltung/Bauerneuerung)
1.2 Bautechnik/Bauökologie (Tragwerklehre, Bauphysik, Baustoffe, Brandschutz, Haustechnik)
1.3 Bauökonomie
2 Künstlerisch-gestalterische Praxis
2.1 Entwurf III (architektonischer Schwerpunkt)
2.2 Entwurf IV (städtebaulicher Schwerpunkt)
2.3 Praxissemester

1.2.2 Kunsthochschulen und Kunstakademien

Auszug aus dem Faltblatt der
Hochschule für Bildende Künste Hamburg:

Gliederung des Studiums – Studiendauer
Das Studium gliedert sich in das Grundstudium (erster Studienabschnitt) und in das Hauptstudium. Die Studienzeit, in der das Studium abgeschlossen werden kann – aber nicht muss – beträgt bis zum Abschluss des Grundstudiums vier Semester und bis zum Abschluss des Hauptstudiums weitere sechs Semester, davon entfallen auf die Zeit für die Abschlussprüfung (Diplom) sechs Monate. Der Studierende muss sich bis zum Ende des zweiten Semesters einer studienbegleitenden individuellen Studienfachberatung unterziehen, die von Angehörigen des Lehrkörpers des Fachbereichs Architektur durchgeführt wird. Dieses gilt auch für die Studierenden, die die genannten Zeiten überschreiten. Die Zwischenprüfung soll in der Regel bis zum Ende des vierten Semesters abgelegt, die Abschlussprüfung in der Regel im sechsten Semester seit Bestehen der Zwischenprüfung abgeschlossen werden.

Auszug aus dem Studienplan:

Grundstudium 1. – 4. Semester Wahlpflichtfächer/Kurzaufgaben: – 4 Kurzaufgaben – Vordiplom	
1. Semester:	Projekt I (Einführung in das Entwerfen, Thema vorgegeben)
3. Semester:	Projekt II (Entwurfs- und Ausführungsplanung, Thema vorgegeben)
1. Semester:	– Grundlagen der Gestaltung – Gebäudelehre I
2. Semester:	– Grundlagen der Gestaltung – Gebäudelehre II – Darstellende Geometrie – Bauaufnahme
3. Semester:	– Gebäudelehre III – Perspekt. Zeichnen

1. Semester:	– Baukonstruktion I
	– Tragkonstruktion I
	– Technischer Ausbau
2. Semester:	– Baukonstruktion II
	– Tragkonstruktion II
	– Technischer Ausbau II
3. Semester:	– Baukonstruktion III
	– Tragkonstruktion III
	– Technischer Ausbau III
	– Bauphysik
4. Semester:	– Baukonstruktion IV
	– Tragkonstruktion IV
	– Technologie der Baustoffe
1. Semester:	– Analyse gebauter Umwelt
	– Baugeschichte
2. Semester:	– Baugeschichte II
3. Semester:	– Baugeschichte III
4. Semester:	– Baugeschichte IV
	– Architekturtheorie
	– Öffentliches Baurecht
1. Semester:	– Einführung in den Städtebau
4. Semester:	– Städtebau/Bebauungsplan

Hauptstudium	
5.–9. Semester =	12 Wahlpflichtfächer und 5 Kurzaufgaben
10. Semester =	Diplom
5. Semester:	Projekt III – Städtebau, Thema vorgegeben
6. Semester:	Projekt IV – Thema wählbar
7. Semester:	Projekt V
8. Semester:	Thema wählbar
9. Semester:	Projekt VI – Thema wählbar
10. Semester:	Diplomarbeit – Thema wählbar

5. Semester:	Garten- und Landschaftsplanung
	Bauvertragsrecht und Kostenplanung
6. Semester:	Baugestaltung
7. Semester:	Raumstruktur I
8. Semester:	Raumstruktur II
6. Semester:	Bau- und Raumakustik
8. Semester:	Sondergebiete der Baukonstruktion
5. Semester:	Architekturtheorie II
	Architektur und Stadtsoziologie
	Kunstgeschichte I
6. Semester:	Kunstgeschichte II
7. Semester:	Analyse gebauter Umwelt I
	Programmplanung
8. Semester:	Analyse gebauter Umwelt II
9. Semester:	Analyse gebauter Umwelt III
5. Semester:	Stadtplanung/Strukturplanung
6. Semester:	Stadtplanung/Städtebau
7. Semester:	Fachwissenschaftliche Instrumente der Planung

Auszüge aus Merkblättern der
Staatlichen Akademie der Bildenden Künste Stuttgart
für den Studiengang Architektur und Design:

Hinweise zur Mappe: Arbeitsproben
Technik und Thematik sind in Anlehnung an den Studiengang freigestellt. Erwartet wird eine Auswahl bildnerischer Arbeiten (Zeichnungen, farbige Arbeiten, Naturstudien, freie Arbeiten, Skizzen u. a.), um die Arbeitsweise, das Arbeitsvorgehen, die Arbeitsschwerpunkte des Studienbewerbers/der Studienbewerberin erkennbar zu machen. BewerberInnen für Bildhauerei und Keramik haben zusätzlich mindestens ein dreidimensionales Objekt (maximal 50 x 50 x 50 cm) einzureichen.

Alle Arbeiten sind mit dem Namen des/der Bewerbers/Bewerberin und dem Entstehungsdatum zu versehen. Bis zu 20 Einzelarbeiten bzw. Einzelblätter können eingereicht werden. Es werden ausschließlich Originale erwartet. Die Arbeitsproben sind in einer ordentlichen Mappe einzureichen. Mappengröße mindestens DIN A2, höchstens DIN A0. Sie dürfen nicht gerahmt, verglast oder gerollt sein – nicht in Kisten oder Kartons verpackt sein. Von großflächigen Arbeiten (Bilder/Plastiken/Werkstücken) können zusätzlich Fotos eingereicht werden. Nur Fotos als Arbeitsproben sind nicht erwünscht!!!

Die Arbeitsproben (Mappen) können persönlich abgegeben oder versandt werden. Die Zustellgebühr der Mappen ist beim Versandunternehmen im Voraus zu entrichten, da die Hochschule sonst die Annahme der Bewerbung verweigern muss. Die Hochschule übernimmt bei Verlust oder Beschädigung keinerlei Haftung!!! Die Arbeitsproben verbleiben bis ca. Mitte August des laufenden Bewerbungsjahres bei der Hochschule.

Voraussetzungen zur Zulassung zum Studium
- Nachweis des Bestehens der Reifeprüfung an einem staatlichen oder staatlich anerkannten Gymnasium im Geltungsbereich des Grundgesetzes oder der Nachweis einer gleichwertigen Vorbildung
- Nachweis der künstlerischen Eignung durch eine an der Akademie abzulegende Eignungsprüfung

Praktikum
Das Praktikum dauert mindestens neun plus drei Monate; davon sind mindestens neun Monate bis zum Beginn des Studiums und mindestens drei Monate bis zum Beginn der Diplomarbeit abzuleisten. Über Art und Dauer des Praktikums ist ein Berichtsheft zu führen oder es ist eine Bescheinigung erforderlich, in der die Leistungen während des Praktikums aufgeführt sind.

Das mindestens neunmonatige Praktikum (Werkstatt/Hochbau-Baustelle) muss bis zum Studienbeginn abgeleistet sein und soll in der Regel die Bereiche Holz und/oder Metall erfassen.

Das mindestens dreimonatige Büropraktikum ist zur Zulassung zur Diplomarbeit erforderlich. Es muss in einem Architektur- oder Planungsbüro in den Entwurfsschwerpunkten
- Architektur/Hochbau
- Innenarchitektur

abgeleistet werden. Es kann auf mehrere Abschnitte während der vorlesungsfreien Zeit verteilt sein.

Zeitlicher Ablauf des Studiums
Das Studium im Studiengang Architektur und Design dauert in der Regel acht Semester. Nach Maßgabe der Prüfungsordnung wird es im neunten Semester mit der Diplomprüfung und der Diplomarbeit abgeschlossen. Bei erfolgreichem Abschluss wird der Grad „Diplom-Ingenieur/in (Dipl.-Ing.) Fachrichtung Architektur" verliehen.

Nach erfolgreichem Abschluss des Studiums soll der/die Studierende in der Lage sein, den künstlerisch/wissenschaftlich/technischen Beruf des/der Architekten/Architektin/Innenarchitekten/Innenarchitektin auszuüben.

1.2.3 Fachhochschulen

Auszug aus dem Merkblatt der
Fachhochschule Anhalt, Fachbereich Architektur Dessau:

Vorpraktikum/Fachpraktikum
Entsprechend der derzeitigen Rechtslage ist eine berufspraktische Tätigkeit bzw. Vorpraktikum vor Studienbeginn als Zulassungsvoraussetzung nicht nachzuweisen. Sofern bisher keine einschlägige Berufsausbildung bzw. -tätigkeit absolviert wurde, wäre ein Vorpraktikum jedoch empfehlenswert. Dieses Vorpraktikum kann ggf. als Fachpraktikum anerkannt werden. Das Fachpraktikum ist in der vorlesungsfreien Zeit während des Grundstudiums zu absolvieren. Eine abgeschlossene Berufsausbildung kann als Fachpraktikum anerkannt werden; Entscheidungen darüber trifft der Fachbereich.

Studiendauer
Die Regelstudienzeit beträgt vier Jahre (acht Semester). Sie schließt ein Praxissemester sowie die Prüfungen und die Diplomarbeit ein. Die Lehrveranstaltungen werden im Jahresrhythmus angeboten. Studienbeginn ist jeweils zum Wintersemester möglich.

Studienablauf
Grundstudium
Das Grundstudium dauert drei Semester und schließt mit der Diplomvorprüfung ab.

Auszug aus dem Modellstudienplan des Grundstudiums
(alle Angaben in Semesterwochenstunden (SWS); V= Vorlesung; Ü= Übung; P= Praktikum; S= Seminar)

Fach	1. Sem.	2.Sem.	3. Sem.
Mathematik	2 V, 2 Ü		
Datenverarbeitung	1 V, 1P	2 V, 2 P	
Darstellende Geometrie	2 V, 1 P	2 V, 1 P	
Baustofflehre/Baustofftechnologie	2 V, 2 Ü	2 V, 1 Ü	
Baukonstruktion I	2 V, 2 Ü	2 V, 2 Ü	2 V, 2 P
Tragwerkslehre	2 V, 1 Ü	2 V, 1 Ü	2 V, 2 P
Grundlagen der Gestaltung I	1 V, 2 P	1 V, 2 P	
Grundlagen des Entwerfens	1 V, 2 Ü	1 V, 2 P	
Baugeschichte/Kunstgeschichte I		2 V	2 V, 1 Ü
Landschaftsgestaltung		1 V, 1 Ü	
Vermessungskunde	2 V, 2 P	2 P	
Fachfremdsprache	2 Ü	2 Ü	2 Ü

Praxissemester
Im Hauptstudium, in der Regel im fünften Semester, haben die Studierenden ein 20-wöchiges Praktikum zu absolvieren, das auf den Inhalt der gewählten Studienrichtung ausgerichtet sein soll. Ziel des Praxissemesters ist es, den Studierenden auf der Grundlage des bis dahin erworbenen Wissens einen Einblick in die Arbeit eines Architekten zu geben. Nach Möglichkeit sollte das Praktikum in einem Architektenbüro oder in einer Bauverwaltung abgeleistet werden.

Hauptstudium
Das Hauptstudium umfasst fünf Semester. Darin enthalten sind ein Praxissemester und die Anfertigung der Diplomarbeit im achten Semester. Das Studium schließt mit der Diplomprüfung ab, die aus Fachprüfungen, der Diplomarbeit und dem Kolloquium zur Diplomarbeit besteht.

Auszug aus dem Modellstudienplan des Hauptstudiums
(5. Semester = Praxissemester, 8. Semester = Diplomarbeit):

Fach	4. Sem.	6.Sem.	7. Sem.
Bauphysik	2 V, 1 P	1 V, 1 Ü	
Ingenieurhochbau	2 V, 1 P		
Baukonstruktion	1 V, 1 Ü	2 V, 1 P	2 V, 1 P
Bauaufnahme	2 P		
Ver- und Entsorgungstechnik/ Technischer Ausbau/Haustechnik	2 V	1 V, 1 Ü	1 V, 1 Ü
Baubetriebslehre/Bauwirtschaftslehre	2 V	1 V	1 V, 1 Ü
Boden-, Bau- und Planungsrecht		2 V	2 V
Grundlagen der Gestaltung II	2 Ü		
Entwerfen	1 V, 1 Ü, 1 P	1 V, 1 Ü, 1 P	1 V, 1 Ü, 1 P
Architektur – Entwerfen			
Architekturtheorie		2 V, 1 Ü	2 V, 1 Ü
Städtebau	2 V, 1 Ü	1 Ü, 1 P	1 Ü, 1 P
Innenraumgestaltung/ Ausbaukonstruktion		1 V, 1 Ü	
Architektur – Städtebau			
Städtebau/Stadtbaulehre	2 V, 1 Ü	1 V, 1 Ü, 1 P	1 V, 2 Ü, 2 P
Entwerfen im Stadtbaubereich		2 V, 2 P	2 V, 2 P
Verkehrsplanung		2 V	1 V, 1 Ü
Bauleitplanung		2 V	2 Ü
Architektur – Denkmalpflege			
Konstruieren im historischen Kontext		2 V, 1 Ü, 2 P	1 V, 2 P
Baugeschichte/Kunstgeschichte II		2 Ü	
Städtebau	2 V, 1 Ü	1 Ü, 1 P	1 Ü, 1 P
Innenraumgestaltung/ Ausbaukonstruktion		1 V, 1 Ü	1 V, 1 Ü
Allgemeiner Hochbau			
Städtebau	2 V	1 Ü, 1 P	
Behindertengerechtes Bauen		2 V, 1 Ü	2 V, 1 Ü
Sondergebiete des ökologischen Bauens		2 V, 1 Ü	2 V, 1 Ü

Auszug aus dem Studienplan der
Fachhochschule Mainz, Fachbereich Architektur:

Die Studiendauer beträgt acht Semester, gegliedert in zwei Studienabschnitte. Es besteht ein Numerus clausus von 2,0–2,4.

Studienplan für das Grundstudium

Pflichtfächer	SWS gesamt
Grundlagen der Planung	
– Methodische Grundlagen der Planung und Einführung in das Entwerfen	18
Grundlagen des Bauens	
– Baukonstruktion	23
– Grundlagen der Tragwerkslehre	12
– Technischer Ausbau	4
– Bauphysik	4
– Baustoffkunde	6
– Bauaufnahme	2
– Baugeschichte	6
Grundlagen der Gestaltung und Darstellung	
– Formen und Gestalten/Architekturtheorie	8
– Freihandzeichnen	6
Grundlagen der Darstellung (darstellende Geometrie)	6
Allgemeine Grundlagen	
Einführung in das bürgerliche Recht	2

Wahlpflichtfächer: Grundlagen der Informationsverarbeitung, Technische Fremdsprachen, Vermessungskunde

Zusätzliche Fächer: Architekturmodellbau

Studienplan für das Hauptstudium
Der zweite Studienabschnitt besteht aus drei Semestern und einem Prüfungssemester und endet mit der Diplomprüfung.

Pflichtfächer	SWS gesamt
Entwerfen	
– Grundentwurf	
– Allgemeiner Entwurf	10
– Vertiefter Entwurf	5
– Schnellentwürfe	3
Konstruktion	
– Baukonstruktion und Brandschutz	12
– Tragwerkslehre I	10
– Altbauerneuerung I und Bauschadensanalyse	4
– Geschichte der Baukonstruktion/Denkmalpflege	4
Ausbau	
– Innenausbau I	4
– Technischer Ausbau	4
Bauorganisation	
– Planungs- und Baumanagement I	6
– Baurecht	4
Gebäude- und Stadtplanung	
– Gebäudelehre I	4
– Städtebau I	6

Vertiefungsfächer (Wahlfächer): Gebäudelehre II, Innenausbau II, Planungs- und Baumanagement II, Städtebau II, Technischer Ausbau II, Tragwerkslehre II, Altbauerneuerung II, Architekturdarstellung, Bauaufnahme, Bauinformatik, Landschaftsökologie, Plastisches Gestalten, Umweltschutz/Umweltplanung

Zusätzliche Fächer: Freihandzeichnen, Aktzeichnen, CAD, Fremdsprachen, Barrierefreies Bauen

Zusammenstellung aus dem „Informationsblatt über den Studiengang Architektur“ der **Fachhochschule Nürnberg:**

Grundstudium
Pflichtfächer
- Architekturgeschichte I (1. und 2. Sem. je 2 SWS)
- Freies Gestalten und Bauaufnahme I und Einführung in die EDV (1. und 2. Sem. je 4 SWS, 4. Sem. 2 SWS)
- Darstellende Geometrie und Architekturperspektive (1. Sem. 2 SWS, 2. Sem. 4 SWS)
- Grundlagen des Entwerfens und Gebäudelehre I (1. und 2. Sem. je 4 SWS)
- Grundlagen des Entwerfens und Gebäudelehre II (4. Sem. 6 SWS)
- Baustoffkunde mit Bauchemie und Bauphysik (1. und 2. Sem. je 4 SWS)
- Baustoffkunde mit Bauchemie und Bauphysik (4. Sem. 4 SWS)
- Tragwerkslehre Grundlagen und Grundbau (1., 2. und 4. Sem. je 4 SWS)
- Baukonstruktion I (1. und 2. Sem. je 8 SWS)
- Baukonstruktion II (4. Sem. 8 SWS)
- Technischer Ausbau I (4. Sem. 4 SWS)
- Vermessen (1.Sem. 2 SWS)
- Allgemeines Recht und Bauordnungsrecht (4. Sem. 4 SWS)

Wahlpflichtfächer
- Allgemeinwissenschaftliche Wahlpflichtfächer (1.Sem. 4 SWS, 2. Sem. 2 SWS)
- 1. Praktisches Studiensemester (3. Sem.)
- Seminar (3. Sem. 2 SWS)
- Praxisergänzende Vertiefungsfächer (3. Sem. 6 SWS)

Hauptstudium
Pflichtfächer
- Architekturgeschichte II (5. und 7. Sem. je 2 SWS)
- Freies Gestalten und Bauaufnahme II (5. Sem. 2 SWS, 7. und 8. Sem. je 3 SWS)
- Entwurfsübungen (5., 7. und 8. Sem. je 6 SWS)
- Städtebauliches Entwerfen, Bauleitplanung und Bauplanungsrecht (5. Sem. 4 SWS, 7. Sem. 6 SWS)
- Tragwerkslehre, Anwendung (5. Sem. 8 SWS)
- Baukonstruktion III (5. Sem. 4 SWS, 7. Sem. 6 SWS)
- Technischer Ausbau II (5. Sem. 4 SWS)
- Bauabwicklung und Baubetrieb (5. und 7. Sem. je 4 SWS, 8. Sem. 2 SWS)
- Anleitung zum selbstständigen Arbeiten (Diplomarbeit) (8. Sem. 4 SWS)

Wahlpflichtfächer
- Architekturbezogenes Wahlpflichtfach (7. und 8. Sem. je 2 SWS)
- Praktisches Studiensemester (6. Sem.)
- Seminar (5. Sem. 2 SWS)
- Praxisergänzende Vertiefungsfächer (5. Sem. 6 SWS)

Studienablauf
Das Grundstudium und das Hauptstudium umfassen je drei theoretische sowie ein praktisches Studiensemester. Die beiden praktischen Studiensemester werden als 3. und 6. Fachsemester geführt... Neben den schriftlich-zeichnerischen Prüfungen zählen auch Studien- und Seminararbeiten und Praktika zu den geforderten Leistungsnachweisen.
Die Baustellentätigkeit im 1. praktischen Semester dient dem Kennenlernen der Bedingungen, Abläufe und Verfahren bei der Rohbauherstellung, vermittelt Einblick in die Probleme des Arbeitens in der Gruppe und als Gehilfe des Poliers und weckt das Verständnis für körperliche Arbeit unter verschiedenen Witterungsverhältnissen.
In den praxisbegleitenden Lehrveranstaltungen des 1. praktischen Studiensemesters werden die in der praktischen Ausbildung erworbenen Kenntnisse und Fähigkeiten vertieft und mit dem Lehrstoff des Grundstudiums verknüpft.
Die Ausbildung im 2. praktischen Studiensemester führt bereits in eine ingenieurmäßige Tätigkeit ein. Der Schwerpunkt liegt bei Aufgaben der Bauleitung in Bauvorbereitung und Baudurchführung, vorwiegend für die Ausbaugewerke.
Die praxisbegleitenden Lehrveranstaltungen vertiefen wiederum die erworbenen Kenntnisse und Fähigkeiten und verknüpfen sie mit dem zugehörigen Lehrstoff des Hauptstudiums.

Auszug aus der Studienordnung der
Hochschule Wismar, Fachhochschule für Technik, Wirtschaft und Gestaltung
für den Master-Studiengang Architektur:

Aufbau des Studiums
(1) Die Regelstudienzeit beträgt vier Semester eines konsekutiven Architekturstudiums mit einem Stundenumfang von 81 SWS (Semesterwochenstunden).
Sie umfasst vier theoretische Studiensemester, die Fachprüfungen und die Masterexamensarbeit – Master Thesis.
(2) Das Studium kann nur zum jeweiligen Wintersemester begonnen werden.
(3) Das Studium wird in Module gegliedert. Thematisch zusammenhängende Module werden in Prüfungsgebiete eingeordnet.

Module sind in sich abgeschlossene Lehreinheiten, deren erfolgreicher Abschluss durch Modulleistungsnachweise dokumentiert wird.
Der erfolgreiche Erwerb eines Modulleistungsnachweises ist Voraussetzung für die Vergabe von Credit Points, gemäß dem Europäischen System zur Anrechnung von Studienleistungen (ECTS).
Näheres regelt die Anlage der Prüfungsordnung.
(4) Die Zahl der Semesterwochenstunden – SWS – für jedes Prüfungsgebiet, die einzelnen Module sowie die Art der Lehrveranstaltungen je Semester sind der Anlage zum Studienplan zu entnehmen.
(5) Für die Anfertigung der Master Thesis stehen die letzten zehn Wochen der Vorlesungszeit des vierten Semesters zur Verfügung.
(6) Das Studium schließt mit dem „Master of Arts in Architecture/Diploma Architecture“ ab.

Inhalt des Studiums

(1) Das Studium im Masterstudiengang Architektur umfasst die im Studienplan dargestellten Prüfungsgebiete, in denen die thematisch zusammenhängenden Module eingeordnet sind.
(2) Das Masterstudium Architektur soll:

1. die Fähigkeit aufbauen, Planungs- und Realisierungsaufgaben zu lösen, die sowohl funktional-gestalterische, technisch-konstruktive, methodisch-didaktische sowie sozial-ökonomische Anforderungen erfüllen,
2. Kenntnisse von bildender Kunst schaffen,
3. ein angemessenes Wissen über Geschichte und Theorie der Architektur, ihr verwandte Künste, Technologien und Humanwissenschaften vermitteln,
4. Kenntnisse über Stadt- und Siedlungsplanung schaffen und die Fähigkeit, stadtgestalterische Konzepte zu entwickeln und umzusetzen,
5. Verständnis für die Beziehungen zwischen Mensch, Gebäude und Umwelt auf- und auszubauen.

(3) Das gesamte Lehrangebot gliedert sich wie folgt:

Prüfungsgebiet und Module	
Konstruktion und Technik	– Baustofftechnik – Baukonstruktion – Tragwerksplanung – Technischer Ausbau/Gebäudeklimatechnik

Prüfungsgebiet und Module	
Stadt- und Gebäudeplanung	– Städtebau/Raumplanung – Gebäudekunde/Raumlehre – Stadt- und Gebäudesanierung
Allgemeine Fächer	– Denkmalpflege – Architekturtheorie
Planungs- und Bauorganisation	– Baurecht/Baubetrieb – Immobilien- und Infrastrukturmanagement
Entwerfen	– Stegreif – Entwerfen
Exkursion	– Master-Thesisseminar

(4) Die Module werden in jedem Studienjahr mindestens einmal angeboten.

Wechsel/Übergänge

(1) Der Wechsel vom Diplomstudiengang Architektur zum Masterstudiengang Architektur sowie von einem der gestuften Studiengänge Architektur zum Diplomstudiengang Architektur ist unter Anerkennung vergleichbarer Studienleistungen möglich.

(2) Der Wechsel aus einem Diplomstudiengang in den Masterstudiengang setzt voraus, dass zuvor das Bachelorexamen abgelegt wird.

(3) Vergleichbare Module oder deren Teile aus einem Diplomstudiengang, Bachelorstudiengang oder Masterstudiengang des Fachbereichs Architektur der Hochschule Wismar oder Architekturstudiengänge anderer Hochschulen werden anerkannt. Die Vergleichbarkeit stellt der Prüfungsausschuss des Fachbereichs Architektur im Benehmen mit den Fachvertretern fest.

Auszug aus dem Merkblatt der
Fachhochschule Zittau/Görlitz:

Anforderungen an das Grundpraktikum für Studierende im Studiengang Architektur
Zulassungsvoraussetzungen für das Praxissemester (6. Semester) ist eine nachgewiesene gewerbliche, berufsspezifische Tätigkeit (Grundpraktikum) mit einer Dauer von acht Wochen, die nur in den vorlesungsfreien Zeiten durchgeführt werden kann.

Inhalt und Grundpraktikum
Während seiner praktischen Tätigkeit soll sich die Studentin/der Student baupraktische Fähigkeiten und Fertigkeiten auf Baustellen bzw. erste Kenntnisse im Bereich der Planung, Ausschreibung oder Abrechnung von Bauleistungen aneignen. Dazu eignen sich Praktika in Architektur- und Planungsbüros, Behörden und Bauunternehmen.
Nach Möglichkeit sollten im Verlauf des Praktikums mehrere Tätigkeitsbereiche oder Arbeitsgebiete einbezogen werden und ein ausgewogenes Verhältnis zwischen praktischen und theoretischen Arbeitsaufgaben realisiert werden.
Das Grundpraktikum dient dem besseren Verständnis der technischen Vorgänge, der Konstruktion von Bauwerken, Bauverfahren und Bauabläufen einerseits sowie des Planungs- und Ausführungsablaufes andererseits. Über seine Praktika hat der Studierende einen Bericht anzufertigen, der Angaben zu den ausgeführten Tätigkeiten enthält. Dieser Bericht ist vom betrieblichen Betreuer gegenzuzeichnen.

Zulassungsbedingungen
Voraussetzung für ein Studium sind die allgemeine Hochschulreife, die Fachhochschulreife oder eine der Fachhochschulreife gleichgestellte Hochschulzugangsberechtigung sowie ein bestandener Eignungstest. Die Anmeldung dafür ist ab Januar bis zum 1. März des Bewerbungsjahres formlos an das Zulassungsamt zu richten. Das achtwöchige Grundpraktikum sollte vor der Studienaufnahme geleistet werden, ist jedoch zzt. für die Zulassung nicht Bedingung.

Ablauf
Regelstudienzeit: 4 Jahre
Grundstudium 1.– 4. Semester
Hauptstudium/Praktikum
studienbegleitende Diplomarbeit 5.– 8. Semester
Abschluss: Diplomingenieur/in (FH)
Ausbildungsort: Zittau

Laboratorien
Baustofflabor/Baustoffprüfstelle, CAD-Labor, Labor Bauwerksdiagnostik, Modellwerkstatt, Niedrigenergiehaus, Energielabor mit Teillabor Wärmeversorgung, Teillabor Bauphysik, Teillabor Heizung/Lüftung/Klimatechnik, Teillabor Regenerative Energiequellen

Stundentafel
Grundstudium
Darstellende Geometrie, Informatik, Architekturzeichnen/Grafische Darstellung, Bauphysik, Baustofflehre, Tragwerkslehre, Technische Gebäudeausrüstung, CAD, Vermessung, Denkmalpflege, Architektur und Kunstgeschichte, Architekturtheorie, Freihandzeichnen, Stegreifentwerfen, Innenraumgestaltung, Fremdsprachen

Hauptstudium
Projektmanagement, Baukonstruktion/Bauweisen, Bauaufnahme, Baurecht, Baubetrieb/Bauverfahren, Bausanierung, Städtebau, Plastisch-räumliches Gestalten/ Modellbau, Entwerfen, Gebäudelehre, Studium fundamentale/ökol. Grundlagen, Diplomandenseminar

Wahlpflichtfächer
Soziologie, Städtebauliche Rekonstruktion, Ländliches Bauen/Landschaftsrekultivierung, Denkmalpflege im Städtebau

1.2.4 Internationale Studiengänge

Die deutschen Hochschulen sind derzeit bestrebt, ihre Studiengänge international wettbewerbsfähiger zu gestalten. Dazu gehört die Institutionalisierung von so genannten „Internationalen Studiengängen" (oft sind die Fachhochschulen in dieser Beziehung die „Vorreiter").

Typische Merkmale dieser Studiengänge sind folgende Bedingungen:
Ein bis zwei Semester werden an einer ausländischen Partnerhochschule verbracht (ggf. erfolgt eine Doppeldiplomierung) und an der Heimathochschule wird ein Teil der Lehrveranstaltungen in einer Fremdsprache (zumeist Englisch) gehalten.

Die TU Dresden und die Hochschule Bremen bieten diese Studiengänge an.

In Bremen gilt für den internationalen Architekturstudiengang folgende Regelung: Das Grundstudium (1. und 2. Semester) wird vollständig an der Heimathochschule absolviert. Im Hauptstudium (3.–8. Semester) werden Fremdsprachen gelehrt; ein Auslandsaufenthalt ist obligatorisch. Im Ausland sind jeweils ein Praxis- und ein Theoriesemester (6. und 7. Semester) abzuleisten.
Die Bremer Hochschule hat in Frankreich, Großbritannien und den Niederlanden Partnerhochschulen.

Die TU Dresden bietet einen deutsch-französischen Studiengang mit Doppeldiplomierung an.

Es ist zu erwarten, dass immer mehr Hochschulen entsprechende Studiengänge einrichten werden.

2 Innenarchitektur

2.1 Aufbau und Inhalte

Ein Innenarchitekturstudium ist – ebenso wie ein Architekturstudium – in ein Grund- und ein Hauptstudium gegliedert. Die Studienzeit beträgt mindestens acht Semester, davon ggf. zwei Praxissemester. Die Praxissemesterregelung ist von Bundesland zu Bundesland verschieden. Abgeschlossen wird das Studium mit einer Diplomprüfung, die mindestens ein weiteres (9.) Semester beansprucht.

Das Grundstudium beinhaltet Pflichtfächer wie:
- Grundlagen der Gestaltung
- Grundlagen der Darstellung
- Grundlagen der Möbelentwicklung
- Grundlagen des Entwerfens
- Tragwerkslehre
- Baukonstruktion
- Werkstofflehre
- Kunstgeschichte
- Architekturtheorie

Im Hauptstudium werden die genannten Fächer vertieft. Im Mittelpunkt des Hauptstudiums steht das Entwerfen, das sich auch auf Möbel- und Produktentwicklung beziehen kann. Charakteristisch für das Grundstudium ist ein eng eingegrenzter Fächerkanon, der recht streng vorgegeben wird. Im Hauptstudium haben die Studierenden erheblich mehr Wahlfreiheit. Die Unterrichtsformen entsprechen denen des Architekturstudiums.

Studieninhalte

Darstellende Geometrie
Lerninhalte sind die verschiedenen Techniken sowie geometrische und perspektivische Verfahren wie Projektionen, Abwicklungen, Durchdringungen mit deren Hilfe Körper, Räume und Schatten dargestellt werden. Die Studierenden sollen die Fähigkeit entwickeln, Objekte anschaulich darzustellen.

Konstruieren
Hier geht es um die wesentlichen baukonstruktiven Methoden und die konstruktive Umsetzung der gestalterischen Ideen.

Tragwerkslehre
Hier lernen die Studierenden bei den baukonstruktiven Methoden physikalische Wirkungszusammenhänge bezogen auf Größen wie Druck, Zug oder Zustandsänderungen zu berücksichtigen.

Werkstofflehre/Baustoffe
Die Studierenden lernen die verschiedenen Baumaterialien kennen, ebenso einschlägige physikalische oder auch chemische Prüfverfahren.

Bauphysik
Hier werden Grundkenntnisse zu den Themenkomplexen Schall, Wärme, Feuchtigkeit, Brandschutz, Licht etc. vermittelt.

Lichttechnik
Neben der Beschäftigung mit den lichttechnischen Grundlagen geht es darum, künstliche Ausleuchtung zu projektieren, Leuchten und Lampen zu positionieren u. Ä.

Technischer Ausbau
Hier geht es insbesondere um die gesamte Ver- und Entsorgungstechnik.

Darstellungstechnik
In dieser Unterrichtsfolge wird den Studierenden gezeigt und sie üben, wie innenräumliche Darstellungen in der Praxis präsentiert werden.

Entwerfen von Räumen
Beinhaltet Grundlagen und Methodik des Entwerfens, funktionale, technische und konstruktive Analyse zur Entwurfrealisierung sowie die zeichnerische und Modell-Präsentation.
Der Schwierigkeitsgrad der zu lösenden Entwurfsaufgaben, der Entwurfsübungen wird systematisch gesteigert. Dabei geht es um die gestalterisch-darstellerische Komponente und um die Einheit von Kunst und Technik.
Generell bedeutet Entwerfen immer „Zeichnerische und modellhafte Präsentation“!

Möbelbau/Möbelkonstruktion/Möbelstilkunde
Die entsprechenden Lehrveranstaltungen vermitteln Wissen zur betriebswirtschaftlichen und verfahrenstechnischen Konzeption zur (industriellen) Möbelfertigung, Kenntnisse der verschiedenen Möbelkonstruktionsarten, Korpus- und Gestellbau,

die gestalterischen und konstruktiven wie ergonomischen Grundlagen für den Entwurf von Möbeln und Geräten werden vermittelt. Ebenso geht es um die Geschichte des Möbelbaus und die Stilkunde.

2.2 Ausgewählte Studienpläne

Fächerkatalog/Studienplan des Studiengangs Innenarchitektur der **Hochschule für Kunst und Design Burg Giebichenstein, Halle/Saale:**

A Grundstudium

Pflichtfächer			SWS
Gruppe I – Künstlerisch-gestalterischer Bereich			
1	Bildnerische Grundlagen		25
1.1	Kompositionslehre/Fläche	(2 Semester)	
1.2	Naturstudium	(4 Semester)	
1.3	Plastik	(2 Semester)	
1.4	Farbe/Licht/Raum	(2 Semester)	
1.5	Schrift/Typografie	(3 Semester)	
1.6	Präsentation	(2 Semester)	
1.7	Interaktives Gestalten	(2 Semester)	
2	Fachbezogene Grundlagen		
2.1	Einführung in das methodische Gestalten	(2 Semester)	8
2.2	Grundlagen des Entwerfens	(2 Semester)	6
Gesamt			39
Gruppe II – Fach- und Bezugswissenschaften			
1.1	Kunst-, Design- und Architekturgeschichte	(4 Semester)	4
1.2	Architekturtheorie/Designtheorie I	(2 Semester)	4
2	Ingenieur- und Fachwissenschaften		
2.1	Baukonstruktion	(2 Semester)	6
2.2	Ausbaukonstruktion	(2 Semester)	6
2.3	Möbelkonstruktion	(2 Semester)	4
2.4	Statik und Tektonik	(1 Semester)	2
2.5	Temporäre Raumsysteme	(1 Semester)	2

Pflichtfächer			SWS
2.6	Beleuchtungstechnik	(2 Semester)	2
2.7	Perspektive für Innenarchitekten	(1 Semester)	2
2.8	Ergonomie/Wohnökologie	(1 Semester)	2
2.9	Bauaufmaß/fachspez. Darstellungstechnik	(2 Semester)	4
2.10	Grundlagen CAD und Medientechnik	(2 Semester)	4
2.11	Gebäudefunktionslehre	(1 Semester)	2
2.12	Grundlagen der Bauphysik (Wärmeschutz, Brandschutz, Schallschutz, Raumakustik)	(2 Semester)	4
2.13	Technische Gebäudeausrüstung	(2 Semester)	4
2.14	Bauzeichnen/Technisches Zeichnen	(2 Semester)	4
Gesamt			56

Wahlpflichtfächer			SWS
Gruppe III – Künstlerisch-gestalterischer Bereich			
1	Bildnerische Grundlagen	(1 Semester)	8
1.1	Plastik		
1.2	Farbe/Licht/Raum		
1.3	Schrift/Typografie		
1.4	Interaktives Gestalten		
2	Präsentationstechniken	(1 Semester)	2
2.1	AV-Präsentation (Dia-Ton, Video, Film)		
2.2	Interaktive Oberflächen		
2.3	Grafische Präsentation		
3	Darstellungstechniken	(1 Semester)	4
3.1	Grafische Darstellung		
3.2	Fotografie (Schwerpunkt Modellfotografie)		
3.3	Sonderkapitel in der CAD-Anwendung		
3.4	Freihandzeichnen		
3.5	Perspektive		
3.6	Technisches Zeichnen		
3.7	Modellbau		
Gesamt			14

Wahlpflichtfächer	SWS
Gruppe IV – Fach- und Bezugswissenschaften	
1 Geistes- und Sozialwissenschaften I	4
1.1 Philosophie	
1.2 Psychologie	
2 Fachbezogene Fremdsprachen (Englisch/Französisch)	4
Gesamt	8

B Hauptstudium

Pflichtfächer	SWS
Gruppe I – Künstlerisch-gestalterischer Bereich	
1 Entwerfen	42
2 Erweitertes Naturstudium/Akt	6
3 Diplomprojekt	2
Gesamt	50
Gruppe II – Fach- und Bezugswissenschaften	
1.1 Kunst-, Design- und Architekturgeschichte	4
1.2 Ästhetik	2
1.3 Architekturtheorie/Designtheorie II	2
1.4 Projektsteuerung (Ausschreibungs- und Vergabewesen, Kostenermittlung)	2
1.5 Vertrags- und Urheberrecht/Baurecht	2
Gesamt	12

Wahlpflichtfächer	SWS
Gruppe III – Künstlerisch-gestalterischer Bereich	
1. Präsentations- und Darstellungstechniken (Vertiefung)	8
1.1 Präsentationsmethoden	
1.2 Fotografie	
1.3 Videopräsentation	
1.4 Sonderkapitel in der CAD-Anwendung	
1.5 Analytisches Skizzieren	

Wahlpflichtfächer		SWS
2. Erkennen und Gestalten		4
2.1 Aktzeichnen		
2.2 Interdisziplinärer Workshop		
2.3 Kunstorientierung		
Gesamt		12
Gruppe IV – Fach- und Bezugswissenschaften		
1	Geistes- und Sozialwissenschaften	
1.1	Architekturtheorie/Designtheorie III	4
1.2	Angewandte Psychologie	
1.3	Ästhetik	
2	Fachspezifische Wirtschafts-, Natur- und Ingenieurwissenschaften	8
2.1	Beleuchtungstechnik	
2.2	Darstellende Geometrie	
2.3	Energie-Effizienzen	
2.4	Sonderkapitel der Innenarchitektur	
2.5	Ökologie	
2.6	Design-Informatik	
2.7	Marketing	
2.8	Design-Management	
2.9	Betriebswirtschaftslehre	
2.10	Werkstoffverhalten und Konstruktion	12

Auszug aus dem Studieninfo der
Fachhochschule Hildesheim-Holzminden, Studiengang Innenarchitektur:

Studienplan für Grund- und Hauptstudium

Historische und theoretische Grundlagen
- Kunst- und Kulturgeschichte (allgemeine und spezielle Kenntnisse der Kultur-, Kunst- und Stilgeschichte)
- Recht (Rechtssystem der BRD, BGB, VOB, Gesellschaftsverträge, Baurecht)

Gestaltung

- Gestaltungslehre (gestalterischer Umgang mit Linie, Fläche und Körper sowie räumlichen Kompositionen)
- Farbenlehre (Grundkenntnisse, farbbezogene Raumanalysen)
- Sachstudium/Zeichnen (Perspektive, Naturzeichnen)
- Plastisches Gestalten (räumliche Kompositionen)
- Schrift (gestalterischer Aufbau, Schriftschreiben, kalligraphische Gestaltung)
- Aktzeichnen (Erfassen und Zeichnen der Proportionen und der Räumlichkeit des menschlichen Körpers)
- Fenster und Fassade (Gestaltung und Konstruktion von Fenster und Fassade unter Beachtung der inneren und äußeren Einwirkung)

Darstellung

- Darstellende Geometrie (geometrische Grundkonstruktionen, Projektionen, Abwicklungen, Durchdringungen)
- Darstellungstechnik (Grundlagen der Darstellungstechniken, praxisgerechte Präsentation innenräumlicher Darstellung)
- Bauaufnahme (Techniken und Methoden der Bauaufnahme)
- Modellbau (Anfertigung von Arbeits- und Präsentationsmodellen)

Technik und Konstruktion

- Baukonstruktion (Baukonstruktionen, Ausbaukonstruktionen, Gebäudeschutz, Schall-, Wärme-, Brand- und Feuchtigkeitsschutz)
- Baustoffkunde (Baustoffe, Eigenschaften, Vorschriften, Umweltaspekte)
- Technischer Aufbau – Haustechnik (Grundlagen, Vorschriften, Ver- und Entsorgung, ökologische und energieeinsparende Aspekte)
- Statik (Grundkenntnisse, tragende Elemente, Belastung und Verformung, Festigkeitslehre und Sicherheitsbetrachtungen)
- Bauphysik (Grundkenntnisse in den Bereichen Wärme, Feuchte, Schall, Brand, Licht)
- Lichttechnik (lichttechnische Grundlagen, Leuchten, Lampen, Projektierung künstlicher Ausleuchtung)
- Möbelkonstruktion (Materialgrundlagen, Zeichentechnik, allgemeine und besondere Möbelkonstruktionsarten, Korpus- und Gestellbau)
- Fertigung (verfahrenstechnische und betriebswirtschaftliche Konzeptionen in der Möbelfertigung)
- Kalkulationsgrundlagen (Grundkenntnisse und betriebswirtschaftliche Zusammenhänge, Entwurf und Projektbearbeitung)

Entwurf und Projektbearbeitung

- Entwurf Möbel (Zeichentechnik und Skizzieren, Aufgabenanalyse und Problemdefinition, Ermittlung ergonomischer, technischer und funktionaler Grundlagen, formfindende Methodik, Entwerfen von Einzel- und Serienmöbeln, zeichnerische und modellhafte Präsentation)
- Entwurf Raum (Grundlagen und Methodik des Entwerfens, Analyse zu entwurfsbeeinflussenden Faktoren, Problemdefinition, Entwurfsrealisierung, Entwicklung aller erforderlichen technischen Raumkomponenten, zeichnerische und modellhafte Präsentation)
- Entwurf Bau (Grundlagen und Methodik des Entwerfens, fächerübergreifende Bearbeitung von Entwurfsaufgaben, funktionale, technische und konstruktive Analyse zur Entwurfsrealisierung, zeichnerische und modellhafte Präsentation)
- Entwurf Messe/Ausstellung (Erfassen und Analysieren der Entwurfsvorgaben und aller Einflussfaktoren, Problemdefinition, konzeptionelle Bearbeitung, Entwurfsrealisierung, Entwicklung aller erforderlichen technischen Entwurfskomponenten, zeichnerische und modellhafte Präsentation)

Auszug aus der Infobroschüre der
Fachhochschule Kaiserslautern, Fachbereich Innenarchitektur:

Der Student soll durch Konfrontation mit verschiedenen Problemen aus dem Tätigkeitsbereich der beruflichen Arbeit in projektbezogener Form die breite Skala der Planungsfunktionen erkennen. Dabei bezieht er psychologische, soziologische, kommunikative und wirtschaftliche Aspekte ein; er lernt so ordnen, gestalten und konstruieren.

Das Thema der Diplomarbeit kann den Bereichen Innenraumentwurf oder Produktdesign entstammen.

Die Regelstudienzeit beträgt acht Semester zuzüglich eines Prüfungssemesters.

Im ersten Studienabschnitt werden elementare Gestaltungsgrundlagen, ihre sichtbaren Elemente, systematische Zusammenhänge und Beziehungen aufgezeigt. In der Auseinandersetzung mit diesen Elementen werden gewonnene Erfahrungen aus Studium, Form, Farbe, Fläche und Raum durch Gestaltungsübungen den entsprechenden Verwirklichungsmedien zugeordnet. Es werden erste Entwürfe von Innenräumen und Möbeln gefertigt.

Im zweiten Studienabschnitt – nach der Diplomvorprüfung – erfolgt die themenbezogene Anwendung der erworbenen Kenntnisse und Fähigkeiten in Form von Entwurfs- und Konstruktionsübungen. Die Entwicklung der persönlichen Gestaltungsfähigkeit wird gefördert. Die beiden Teilgebiete „Innenraumentwurf" und „Produktdesign" werden von Studierenden ihren Neigungen entsprechend vertieft.

Die notwendige technische Grundlage für eine sinnvolle funktions- und materialgerechte Gestaltungsarbeit wird durch die Beschäftigung mit Konstruktionsmöglichkeiten an Holz, Metall, Kunststoff, Glas, Beton und Stein geschaffen. Weitere Themen sind neben den Entwurfsfächern die allgemeine Bauphysik und Baukonstruktion, Ausbaukonstruktion, Technischer Ausbau und Möbelkonstruktion, Fertigungsverfahren, Baurecht, Vergabewesen, Designtheorie, Kunstgeschichte u. a.

Auswahlverfahren

(1) Die Teilnahme an der Eignungsprüfung erfolgt auf Antrag. Der Antrag muss für eine Einschreibung zum Sommersemester bis zum 1. Dezember, zum Wintersemester bis zum 1. Juni bei der Abteilung der Fachhochschule, an der der Bewerber das Studium aufnehmen will, eingegangen sein (Ausschlussfristen).

(2) Der Bewerber hat seinem Antrag beizufügen:

- zehn bis 15 selbstständig angefertigte Arbeiten aus den Fachgebieten, die nach Abs. 3 dem Studiengang zugeordnet sind, in dem der Bewerber das Studium aufnehmen will,
- eine Erklärung darüber, dass er eine vergleichbare Eignungsprüfung noch nicht abzulegen versucht hat oder Angaben darüber, wann und wo versucht wurde, eine solche Prüfung abzulegen.

(3) Als Fachgebiet kommen in Betracht:

- für den Studiengang Innenarchitektur: Zeichnen, Malen, Skulpturen und Möbel in fotografischer Wiedergabe, Konstruktion, perspektivische Beobachtungsstudien, flächige oder räumliche Kompositionen unter Einbeziehung von Farbe, Helligkeit, Struktur und Malerei.

Studienplan Grundstudium

Fächergruppe	SWS
Ingenieurwissenschaftliche Fächer	
Baukonstruktion I	6
Ausbaukonstruktion I	8 (2 Wahl N.N.)
Bauphysik	4
Technischer Ausbau	4
Statik und Festigkeitslehre	4
Tragwerkslehre	2
Möbelkonstruktion	6
Baustofftechnologie	4
Materialtechnologie	6 (2 Wahl N.N.)
Entwurfsfächer	
Gestaltungsgrundlagen	16
Einführen in das Entwerfen	16
Möbelentwurf	6 (2 Wahl N.N.)
Fachbezogene wissenschaftliche Fächer	
Design – Entwurfstheorie	4
Baugeschichte	4 (2 Wahl N.N.)
Möbelstilkunde	2
Gebäudelehre	2
Humanwissenschaften I	2
Gesellschaftswissenschaften I	2
Farbenlehre	8 (4 Wahl N.N.)
Bauaufnahme	2
Darstellende Fächer	
Darstellende Geometrie	4
Normengerechtes Zeichnen	4 (2 Wahl N.N.)
Freie Darstellung	8
Schrift	2 Wahl N.N.
Modellbau	2 Wahl N.N.
Gesamt:	120

Wahlfächer sind zur Hälfte in der Summe der Pflichtstunden enthalten.

Studienplan Hauptstudium

Fächergruppe	SWS
Ingenieurwissenschaftliche Fächer	
Baukonstruktion II	6
Ausbaukonstruktion II	12
Technischer Ausbau	4
Entwurfsfächer	
Entwerfen I	10
Entwerfen II	10
Entwerfen III	12
Entwerfen IV	12
Stegreifentwerfen – Raum	6
Produktdesign	12
Stegreifentwerfen – Produktdesign	
Fachbezogene wissenschaftliche Fächer	
Design – Entwurfstheorie	4
Gebäudelehre	4
Kunst- und Kulturgeschichte	4
Architekturbetrachtung	2
Humanwissenschaften II	2 Wahl N.N.
Gesellschaftswissenschaften	2 Wahl N.N.
Baubetrieb und Baurecht	4
Vertragsrecht	2
Darstellende Fächer	
Freie Darstellung	8
Fotografie	2 Wahl
Modellbau	3 Wahl N.N.
Plastisches Gestalten	6 Wahl N.N.
Gesamt:	120

Wahlfächer sind zur Hälfte in der Summe der Pflichtfächer enthalten.

Auszug aus dem Faltblatt der
Fachhochschule Lippe (Detmold):

Studienplan Innenarchitektur

Grundstudium	
1. Allgemeine Grundlagen:	– Mensch und Wohnumwelt – Ergonomie – Wohnmedizin – Wohntheorien und -formen – Umweltpsychologie – Kunst- und Kulturgeschichte
2. Gestalten und Darstellen:	– Darstellungstechniken (Grafische Techniken und Typografie, Freihandzeichnen, Gebundenes Zeichnen) – Grundlagen der Gestaltung (Allgemeine und räumliche Gestaltung, Plastisches Gestalten, Gestaltungspsychologie, Farbgestaltung)
3. Entwerfen und Planen:	– Grundlagen des Entwerfens – Innenraumbeleuchtung
4. Konstruieren:	– Teilgebiet I (Möbelgestaltung und -konstruktion, Sitzmöbel) – Teilgebiet II (Baukonstruktion, Sonderkonstruktion) – Teilgebiet III (Ausbaukonstruktion, Fertigteil- und Innenausbausysteme)
5. Naturwissenschaften und Technik:	– Allgemeine Grundlagen und Materialien – Bauphysik und Raumakustik – Konstruktions- und Tragwerksverhalten – Gebäudeausrüstung und Haustechnik

Hauptstudium	
6. Projektorientierung: Projekte (Wahlpflicht: 4 Projekte aus dem Katalog):	
Gruppe 1	Möbeldesign Produktdesign Möbel und Raum

Hauptstudium	
Gruppe 2	Wohnen Hotels und Freizeiträume Gaststätten
Gruppe 3	Läden Messen Ausstellungen
Gruppe 4	Wohnbauten Sozialbauten Öffentliche Bauten
Gruppe 5	Räumliches Inszenieren Raum – Licht – Farbe Grafik – Design
Gruppe 6	Umbauten Sanieren, Restaurieren Biologisches und ökologisches Bauen und Wohnen
Gruppe 7	Virtuelle Räume, Möbel, Produkte Multimedia Freier Entwurf

Auszug aus dem Studienführer der
Fachhochschule Rosenheim:

Fachbereich Innenarchitektur mit Aufbaustudiengang Szenografie

Grundstudium (Fächerübersicht)
Im Folgenden ist der gesamte Fächerkatalog für das Studium der Innenarchitektur aufgelistet. In den Tabellen wird neben der Bezeichnung des Fachs angegeben, wie viele Vorlesungsstunden pro Woche (Semesterwochenstunden, SWS) und wie viele Übungsstunden pro Woche das jeweilige Fach in Anspruch nimmt. Eine Vorlesungs- bzw. Übungsstunde dauert 45 Minuten.

Schriftliche Prüfungen finden in einer Prüfungsperiode statt, welche nach dem Ende des Vorlesungszeitraums beginnt und etwa zwei Wochen dauert. Studienbegleitende Prüfungen (Prüfungsstudienarbeiten) werden während des Semesters erarbeitet und zum Semesterende abgegeben. Verbindlich sind die jeweiligen Bestimmungen der Studien- und Prüfungsordnung.

Abkürzungen: StA = Studienarbeit; PstA = Prüfungsstudienarbeit

1. Semester

Fach	Vorlesung	Übung	Prüfung
Darstellende Geometrie	2	2	StA
Raumtheorie und Einführung in das Entwerfen	2	4	PstA
Objekt und Einrichtung I	2	4	PstA
Konstruieren I	3	3	PstA
Darstellen I			PstA
Kunstgeschichte		2	schriftl. Prüfung
Tragwerkslehre		2	schriftl. Prüfung
Allg. wissenschaftliches Wahlpflichtfach	2		Klausur

2. Semester (erstes Praxissemester)
Praktische, handwerkliche Tätigkeit: 20 Wochen
Praxisseminar: Insgesamt 6–8 Wochenstunden als einwöchiger Block nach der praktischen Tätigkeit.

3. Semester

Fach	Vorlesung	Übung	Prüfung
Darstellende Geometrie	2		StA/schriftl. Prüfung
Entwerfen von Räumen	2	4	PStA
Objekt und Einrichtung I	2	4	PStA
Konstruieren I	3	3	PStA
Farbenlehre			PStA
Darstellen I			PStA
Kunstgeschichte		2	schriftl. Prüfung
Tragwerkslehre		2	schriftl. Prüfung
Technischer Ausbau	2	1	PStA
Allg. wissenschaftliches Wahlpflichtfach	2		schriftl. Prüfung/ PStA

4. Semester

Fach	Vorlesung	Übung	Prüfung
Darstellende Geometrie	2		StA/schriftl. Prüfung
Entwerfen von Räumen	2	4	PStA
Objekt und Einrichtung I	2	4	PStA
Konstruieren I	3	3	PStA
Farbenlehre und Darstellen		6	PStA
Kunstgeschichte	2		schriftl. Prüfung
Tragwerkslehre	2		schriftl. Prüfung
Technischer Ausbau	2	1	PStA
Fachbezogenes Wahlpflichtfach	2		schriftl. Prüfung/PStA

Fachbezogene Wahlpflichtfächer
Der Katalog der fachbezogenen Wahlpflichtfächer wird für jedes Semester vom Fachbereichsrat beschlossen und jeweils zum Semesterbeginn durch Aushang hochschulöffentlich bekannt gemacht.
Als fachbezogene Wahlpflichtfächer werden z. B. angeboten:
Airbrush, Architekturtheorie, Architekturtendenzen, Architekturperspektive, AVA, CAD, Druckgrafik, EDV, experimentelle Lichtgestaltung, figürliches Zeichnen, Materialkunde, Modellbau, Schweißkurs, Wärme- und Schalltechnik.

5. Semester (zweites praktisches Semester)
Praktische Ausbildung: Bürotätigkeit, 20 Wochen. Praxisbegleitende Lehrveranstaltungen: insgesamt 6–8 Wochenstunden als einwöchiger Block nach der praktischen Tätigkeit, Praxisseminar: 2 Wochenstunden.

Hauptstudium (Fächerübersicht)

6. Semester

Fach	Vorlesung	Übung	Prüfung
Entwerfen	2	4	PStA
Objekt und Einrichtung II	2	4	PStA
Konstruieren II	2	4	PStA
Lichtgestaltung	2/halbes Sem.		PStA

Fach	Vorlesung	Übung	Prüfung
Darstellen II	4		PStA
Gebundenes Darstellen	1		StA
Baurecht und Projektabwicklung	2		schriftl. Prüfung/StA
Allg. wissenschaftliches Wahlpflichtfach	2		Klausur
Fachbezogenes Wahlpflichtfach	2	2	schriftl. Prüfung/PStA

7. Semester

Fach	Vorlesung	Übung	Prüfung
Entwerfen	2	4	PStA
Objekt und Einrichtung II	2	4	PStA
Konstruieren II	2	4	PStA
Lichtgestaltung	2/halbes Sem.	2	PStA
Darstellen II	4		PstA
Baurecht und Projektabwicklung	2		schriftl. Prüfung/StA
Möbelstilkunde	2/halbes Sem.		schriftl. Prüfung
Fachbezogenes Wahlpflichtfach	2		schriftl. Prüfung/PStA

8. Semester

Fach	Vorlesung	Übung	Prüfung
Entwerfen	2	4	PStA
Objekt und Einrichtung II	2	4	PStA
Konstruieren II	2	4	PStA
Darstellen II	2		PStA
Gebundenes Darstellen	1		StA
Diplombetreuung	4		
Möbelstilkunde	2/halbes Sem.		schriftl. Prüfung
Fachbezogenes Wahlpflichtfach	2		schriftl. Prüfung/PStA

Praktische Studiensemester
Das 2. und das 5. Semester sind Praxissemester. Das erste Praxissemester gilt einer handwerklichen Ausbildung mit dem Ziel, die wichtigsten Bedingungen, Abläufe und Verfahren bei der Erstellung des Rohbaus, beim Ausbau und bei der Einrichtung kennen zu lernen.
Das zweite praktische Semester gilt dem Einblick und der Sammlung praktischer Erfahrungen im künftigen Beruf in möglichst vielen Tätigkeitsbereichen.

Erstes praktisches Studiensemester
Zeitlicher Umfang: 20 Wochen
Zeitliche Lage: 2. Fachsemester
Praktische Ausbildung: Handwerkliche Tätigkeit

Ausbildungsziel
Kenntnis der wichtigsten Bedingungen, Abläufe und Verfahren bei der Erstellung des Rohbaus, beim Ausbau und bei Einrichtungen. Einblick in die Probleme des Arbeiters in der Gruppe und als Gehilfe des Meisters, Verständnis für körperliche Arbeit und Witterungseinflüsse. Kenntnis der Unfallgefahren und der sozialen Rahmenbedingungen.

Ausbildungsinhalt
Eigenhändige Mitarbeit in der Gruppe bei vielfältigen Arbeiten, vor allem auf der Baustelle, aber auch in der Werkstatt und im Fertigungsbetrieb, soweit es Konstitution und Fähigkeiten erlauben. Assistenz bei Führungsaufgaben des Poliers, des Bauleiters, des Werkmeisters.
Auswahl der Einsatzgebiete, Reihenfolge und Dauer des Einsatzes sind durch ein optimiertes Ausbildungsziel unter Wahrung berechtigter Interessen des Betriebes und des Praktikanten zu bestimmen. Eine kurzzeitige witterungsbedingte Bürotätigkeit wird angerechnet. Die Teilnahme an einem Kurs im Ausbildungszentrum ist im Rahmen der praktischen Ausbildung wünschenswert.

Sechs Wochen der Ausbildungszeit sollen möglichst auf der Baustelle abgeleistet werden. Tätigkeiten: Gründungsarbeiten, Mauern, Schalen, Betonieren, Sanierungsarbeiten, Aufstellen von Dachstühlen, Montieren von Einbauteilen.
Vierzehn Wochen sollen bei einer oder mehreren der nachstehenden Sparten in der Werkstatt oder im Fertigungsbetrieb abgeleistet werden: Schreinerei, Zimmerei, Bauschlosserei, Metallbau- oder anderen Ausbaufirmen, wobei vertiefte Kenntnisse in einem Handwerkszweig wünschenswert sind.

Praxisbegleitende Lehrveranstaltungen
Zeitliche Dauer: 6–8 Wochenstunden

Studienziel
Herstellen des Bezugs zur Werkstatt- und Baustellentätigkeit unter Verwendung des Lehrstoffes der theoretischen Studiensemester.

Praxisseminar (2 Wochenstunden)
Vertiefung der in der praktischen Tätigkeit erworbenen Kenntnisse. Fähigkeit, Probleme mündlich und schriftlich vorzutragen und zu diskutieren. Erfahrungsaustausch, Anleitung und Beratung, Vertiefung und Sicherung der Kenntnisse durch Kurzvorträge der Studenten sowie Fragestellung und Diskussion über die praktische Arbeit.

Praxisergänzende Vertiefungsfächer
Ausgewählte Themen aus Baukonstruktion und Materialkunde (4–6 Wochenstunden). Richtiges Erkennen und Beurteilen von Konstruktionen, Werkstoffen und Bauteilen im praktischen Einsatz auf Grund bereits vorhandener theoretischer Kenntnisse.
Einzelkapitel aus Materialkunde und Baukonstruktion mit besonderem Bezug zur Praxis als Vortrag und ggf. mit Besichtigungen. Verfahren der Baustoffprüfung, der Gütesicherung, des Bautenschutzes in der praktischen Anwendung sowie Schutz für Bauteile aus Holz und Metall, Bauunterhalt.

Zweites praktisches Studiensemester
Zeitlicher Umfang: 20 Wochen
Zeitliche Lage: 5. Fachsemester
Praktische Ausbildung: Bürotätigkeit

Ausbildungsziel
Einblick und Sammeln praktischer Erfahrungen im künftigen Beruf in möglichst vielen Tätigkeitsbereichen des Innenarchitekten.

Ausbildungsinhalt
Eigenverantwortliche Mitarbeit bei den vielfältigen Arbeiten der nachfolgend genannten Ausbildungsstellen. Die Eigenverantwortung soll gefördert werden (rein zeichnerische einseitige Tätigkeiten werden nicht anerkannt): Planung, Vergabe, Objektüberwachung im Büro und im Fertigungsbetrieb bzw. auf der Baustelle.

Ausbildungsgebiet I
Grundlagen-, Vor-, Entwurfs-, Ausführungs- und Koordinationsplanung

Ausbildungsgebiet II
Zeit- und Kostenplanung, Vorbereitung und Mitwirkung bei der Vergabe

Ausbildungsgebiet III
Objektüberwachung und Objektbetreuung, Abnahme, Aufmaß, Abrechnung, Mängelfeststellung und -behebung, Dokumentation

Ausbildungsstelle
Büros von Innenarchitekten und Architekten, Baubehörden und Planungsabteilungen von Bauunternehmen, Einrichtungshäusern und Möbelfabriken und Innenausbaubetrieben

Praxisbegleitende Lehrveranstaltungen
Zeitliche Dauer: 6–8 Wochen

Studienziel
Herstellen des Bezuges zur Bürotätigkeit des Innenarchitekten unter Verwendung des Lehrstoffes der theoretischen Studiensemester.

Praxisseminar (2 Wochenstunden)
Verknüpfung der theoretischen Kenntnisse mit den Erfahrungen aus der Praxis. Fähigkeit, Berichte selbstständig ingenieurmäßig abzufassen, vorzutragen und zu beurteilen. Lösen von Problemen in der Gruppe. Erfahrungsaustausch, Anleitung und Beratung. Vertiefung und Sicherung der Kenntnisse durch Kurzvorträge von Hochschullehrern und Studenten sowie Fragestellung und Diskussion über praktische Arbeit, Berufsbild des Innenarchitekten, Baubehörden.

Praxisbegleitende Vertiefungsfächer

Grundlagen des Baubetriebs (2–3 Wochenstunden)
Kenntnis und Anwendung von Methoden der Bauvorbereitung, Baudurchführung und Abrechnung.
Massen- und Kostenberechnungen, Aufstellen von Leistungsverzeichnissen, Ausschreibungsverfahren nach VOB, Auswertung der Angebote, Vergabe, Koordinationsplanung, Leistungskontrolle, Abrechnung, Objektbetreuung.

Grundlagen des Baurechts (1 Wochenstunde)
Überblick über die wichtigsten Gesetze und Verordnungen, die unmittelbar das Bauen betreffen. Einschlägige Paragraphen des BGB, Vertragswesen, Wirtschaftsrecht, Baugesetze von Bund und Ländern, Ausführungsverordnungen.

Sondergebiete aus Konstruktion und Planung (1–2 Wochenstunden)
Kenntnis und Anwendung von Methoden der Kosten- und Zeitplanung, Vermittlung konstruktiver Sonderkenntnisse. Zeitplanung, Kostenplanung, Koordinationsplanung, Raumbuch, Standardleistungsbuch, Besichtigung ausgewählter Baustellen.

Ergänzungsstudiengang Szenografie im Fachbereich Innenarchitektur

Studien- und Ausbildungsziel
Das Studium vermittelt alle Fähigkeiten für die professionelle Praxis mit den Berufsbezeichnungen Szenograf, Szenenbildner, Filmarchitekt, Production Designer, Art Director oder Set Designer – es umfasst dabei die künstlerischen, technischen und organisatorischen Aspekte dieser Tätigkeiten.

Die wachsende Anzahl von Film- und Fernsehproduktionen sowie der steigende Programmbedarf der öffentlich-rechtlichen Sender und der privaten Programmanbieter verlangt nach einer Differenzierung und Qualifizierung in allen Berufen dieses Medienbereichs. Für dieses künstlerische Aufgabengebiet ist das Studium der Szenografie geplant. Der szenische Raum, in dem sich die dramatische Kunst des Schauspiels für die Kamera darbietet, muß immer unter der besonderen Beachtung der sinnlichen Notwendigkeit der Szene ausgesucht, entworfen und gebaut werden. Die zeichenhafte Sprache der Elemente des Raumes, des Lichtes, der Farben und Patina, der Gegenstände und Objekte im Bild gibt dem Film- bzw. Fernsehwerk seine visuelle Sprache.

Die Fachhochschule Rosenheim hat mit der HFF (Hochschule für Fernsehen und Film) in München eine Kooperationsvereinbarung geschlossen. In enger Zusammenarbeit mit den Studenten der HFF arbeiten die Studenten der Szenografie im praktischen Studiensemester an der Realisierung gemeinsamer Filmprojekte.

Gliederung des Studiums
Das Ergänzungsstudium umfasst drei Semester. Nach zwei theoretischen Semestern folgt ein praktisches Semester, in dem im Regelfall die Abschlussarbeit angefertigt wird.

Zulassungsvoraussetzung
Zulassungsvoraussetzungen sind ein abgeschlossenes Hochschulstudium auf dem Gebiet der Innenarchitektur oder (bei Nachweis besonderer Kenntnisse der Innen-

architektur) auf dem Gebiet der Architektur, Bühnengestaltung oder einem anderen einschlägigen Gebiet sowie das Bestehen einer Eignungsprüfung.

Eignungsprüfung
Die Eignungsprüfung gliedert sich in eine Vorauswahl und eine praktische eintägige Prüfung. Zur Vorauswahl ist eine Mappe mit eigenen Arbeiten vorzulegen, die eine Beurteilung einer einschlägigen künstlerischen Begabung ermöglichen. Die praktische Prüfung besteht aus einer oder mehreren in Klausur zeichnerisch zu fertigenden Prüfungsarbeiten. Die Eignungsprüfung ist bestanden, wenn in der praktischen Prüfung mindestens eine ausreichende Leistung erzielt wurde.

Fächerkatalog 1. und 2. Studiensemester (Theoriesemester)

Pflichtfächer	Wahlpflichtfächer
Szenenbildentwurf	Bühnenbild
Darstellen	Ästhetik und Semiotik
Dramaturgie und Inszenierung	Materialkunde
Figürliches Zeichnen	EBV (Bildgestaltung mit EDV)
Milieukunde	Optische Spezialeffekte
Film und Fernsehkamera	Filmanalyse
Kultur- und Filmgeschichte	Innenrequisite
Wahrnehmungstraining	Filmmusik
Möbelstilkunde	Kostümbild
Exkursionen	Konstruktion szenischer Bauten
	Botanik
	Fachenglisch
	Mechanische Spezialeffekte
	Modellbau
	Außenrequisite

Fächerkatalog 3. Studiensemester (Praxissemester)

Videoübung	Anleitung zum selbstständigen wissenschaftlichen Arbeiten
Film- und Fernsehproduktion	Abschlussarbeit

Fachhochschule Trier

Hinweise zur Eignungsprüfung des Studiengangs Innenarchitektur
Die Eignungsprüfung besteht aus zwei Teilen:
Prüfungsvorleistungen
Es sind zehn bis 15 selbstständig angefertigte Arbeiten in einer stabilen Mappe einzusenden. Als Fachgebiete kommen in Betracht:
- Zeichnen
- Malen
- Bildhauerei
- Möbeldesign
- Fotografie
- Konstruktion
- perspektivische Beobachtungsstudien
- flächige oder räumliche Kompositionen unter Einbeziehung von Farbe, Helligkeit, Struktur und Material (es können u. U. auch Fotos der Objekte eingeschickt werden)

Die Bewerberinnen und Bewerber sollten Arbeiten vorlegen, die sie selbst als Beurteilungsgrundlage für geeignet halten; der Schwerpunkt der Arbeiten sollte im zeichnerischen Bereich liegen. Bei einer Benotung von 4,0 und besser erfolgt eine Einladung zur Klausurprüfung.

Klausurprüfung
Die Prüfung dauert zwei Tage. Sie umfasst die Prüfungsaufgaben aus den einzelnen Fachgebieten, z. B. mit:
- Zeichnerisch darstellerischem Schwerpunkt,
- kreativ konstruktivem Schwerpunkt,
- gestalterisch entwurfsmäßigem Schwerpunkt.

Entsprechende Fachkenntnisse werden nicht vorausgesetzt. Erwartet werden aber Fähigkeiten im darstellerischen Bereich, z. B. Freihandzeichnen nach dem Objekt oder aus der Vorstellung und Grundkenntnisse der darstellenden Geometrie.

Ergebnis der Eignungsprüfung
Über die bestandene Eignungsprüfung wird ein Zeugnis ausgestellt. Die Note ergibt sich aus der Prüfungsvorleistung sowie den vier einzelnen Klausurnoten.

3 Studienmöglichkeiten im Ausland

So mancher Student denkt über ein Auslandsstudium nach. Sei es, weil er in der Bundesrepublik Deutschland wegen des Numerus clausus auf einen Studienplatz warten muss, sei es, dass seine intellektuelle Neugier ihn zu einem „Blick über den Zaun“ drängt. Grundsätzlich kann es für jeden Studenten nur förderlich sein, sich auch im Ausland umzuschauen.

Sinnvoll ist ein solcher Auslandsaufenthalt nach dem Vordiplom im Laufe des Hauptstudiums.

Denken Sie daran, dass in vielen Ländern der Zugang zur Hochschule – unabhängig vom Hochschulzugangszeugnis – das Bestehen einer fachbezogenen Aufnahmeprüfung und eines Sprachtests voraussetzt. Generell gilt für ein Auslandsstudium, dass Sie sich mindestens ein Jahr vor Studienbeginn über Zulassungsvoraussetzungen, Bewerbungsfristen, Aufnahmenprüfungen etc. informieren sollten.
Im Vorfeld muss auch geklärt werden, ob die an einer ausländischen Universität/Fachhochschule erbrachten Leistungen an deutschen Universitäten bzw. an der deutschen Heimatuniversität/Fachhochschule anerkannt werden. Das so genannte European Credit Transfer System (ECTS) erleichtert bzw. garantiert die Anrechnung. Einzelheiten dazu sind in der DAAD-Broschüre „Studienland-EU“ dargestellt.

Selbstverständlich hält auch das Akademische Auslandsamt der Heimatuniversität gute Informationen bereit, insbesondere wenn es um die akademischen Austauschprogramme SOKRATES und ERASMUS und um das ECTS geht.

Wer weitere Informationen über entsprechende Studiengänge in Europa sucht, sollte sich an die „Europäischen Beratungszentren“ der Arbeitsämter wenden:

Europäisches Berufsberatungszentrum für Belgien
Roermonder Straße 51, 52072 Aachen
Tel.: (02 41) 8 97-11 04, Fax: (02 41) 8 97-18 88
E-Mail: Aachen.euroguidance@arbeitsamt.de

Europäisches Berufsberatungszentrum für Dänemark
Waldstraße 2, 24939 Flensburg
Tel.: (04 61) 8 19-2 70, Fax: (04 61) 8 19-4 21
E-Mail: Flensburg.euroguidance@arbeitsamt.de

Europäisches Berufsberatungszentrum für Finnland
Hans-Böckler-Straße 1, 23560 Lübeck
Tel.: (04 51) 5 88-2 91, Fax: (04 51) 5 88-6 04
E-Mail: Luebeck.euroguidance@arbeitsamt.de

Europäisches Berufberatungszentrum für Frankreich
Karlstraße 18, 76437 Rastatt
Tel.: (0 72 22) 9 30-1 86, Fax: (0 72 22) 9 30-4 15
E-Mail: Rastatt.euroguidance@arbeitsamt.de

Europäisches Berufsberatungszentrum für Griechenland
Richard-Wagner-Platz 5, 90327 Nürnberg
Tel.: (09 11) 2 42-28 06, Fax: (09 11) 2 42-21 65
E-Mail: Nuernberg.euroguidance@arbeitsamt.de

Europäisches Berufsberatungszentrum für Großbritannien und Irland
Doventorsteinweg 48–52, 28195 Bremen
Tel.: (04 21) 1 78-21 03, -20 01, Fax: (04 21) 1 78-15 64
E-Mail: Bremen.euroguidance@arbeitsamt.de

Europäisches Berufsberatungszentrum für Italien
Kapuzinerstraße 26, 80337 München
Tel.: (0 89) 51 54-31 45, Fax: (0 89) 51 54-66 07
E-Mail: Muenchen.euroguidance@arbeitsamt.de

Europäisches Berufsberatungszentrum für Luxemburg
Güterstraße 76-78, 54295 Trier
Tel.: (06 51) 2 05-3 33, Fax: (06 51) 2 05-3 56
E-Mail: Trier.euroguidance@arbeitsamt.de

Europäisches Berufsberatungszentrum für die Niederlande
Dutumerstraße 5, 48431 Rheine
Tel.: (0 59 71) 9 30-1 02, Fax: (0 59 71) 9 30-9 09
E-Mail: Rheine.euroguidance@arbeitsamt.de

Europäisches Berufsberatungszentrum für Norwegen und Island
Am Schwingdeich 2, 21680 Stade
Tel.: (0 41 41) 9 26-2 22, Fax: (0 41 41) 9 26-2 38
E-Mail: Stade.euroguidance@arbeitsamt.de

Europäisches Berufsberatungszentrum für Österreich
Wittelsbacher Straße 57, 83022 Rosenheim
Tel.: (0 80 31) 2 02-2 33, Fax: (0 80 31) 2 02-5 27
E-Mail: Rosenheim.euroguidance@arbeitsamt.de

Europäisches Berufsberatungszentrum für Portugal
Kurt-Schumacher-Allee 16, 20097 Hamburg
Tel.: (0 40) 24 85-23 30, Fax: (0 40) 24 85-23 33
E-Mail: Hamburg.euroguidance@arbeitsamt.de

Europäisches Berufsberatungszentrum für Schweden
Adolf-Westphal-Straße 2, 24143 Kiel
Tel.: (04 31) 7 09-12 11, Fax: (04 31) 7 09-12 91
E-Mail: Kiel.euroguidance@arbeitsamt.de

Europäisches Berufsberatungszentrum für Schweiz und Liechtenstein
Brombacher Straße 2, 79539 Lörrach
Tel.: (0 76 21) 1 78-1 01, Fax: (0 76 21) 1 78-1 88
E-Mail: Loerrach.euroguidance@arbeitsamt.de

Europäisches Berufsberatungszentrum für Spanien
Fischerfeldstraße 10–12, 60311 Frankfurt
Tel.: (0 69) 21 71-25 35, Fax: (0 69) 21 71-26 62
E-Mail: Frankfurt-Main.euroguidance@arbeitsamt.de

Detaillierte Informationen gibt es auch beim **Deutschen Akademischen Austauschdient (DAAD)** in Form von sehr guten Informationsbroschüren zum gewünschten Land sowie im Internet unter http://www.daad.de.

3.1 Architekturstudium in Österreich

Im Regelfall erhalten Deutsche nur dann einen Studienplatz in Österreich, wenn sie die Zulassung für eine deutsche Hochschule nachweisen können. Außerdem müssen ausländische Studierende eine so genannte Hochschultaxe von ca. 290 Euro pro Semester bezahlen.
Die österreichischen **Architektur**studiengänge entsprechen den deutschen. Die Mindeststudiendauer beträgt zehn Semester. Den deutschen Studien- und Prüfungsordnungen vergleichbar, gehört zu den Studieninhalten:

Entwerfen – Konstruieren – Tragwerkslehre – Baustofflehre – Bauphysik – Darstellungsmethoden mit CAD – Baukunst und Kunstgeschichte – Gestaltungslehre/Zeichnen/Malen – Gebäudelehre – Siedlungswesen und Städtebau – Architekturtheorie – Hochbaukonstruktion – Technischer Ausbau u. a. m.

Die **Innenarchitektur**, bezogen auf Österreich besser als Innenraumgestaltung bezeichnet, ist an den Hochschulen für angewandte und bildende Kunst zu finden. Ähnlich wie bei entsprechenden deutschen Studiengängen wird in Linz das Bestehen einer künstlerischen Aufnahmeprüfung vorausgesetzt, eine Mappe muss ebenfalls vorgelegt werden. Inhaltlich gestaltet sich dieser Studiengang wie folgt: Architekturentwurf – Hochbau – Tragwerkslehre – Darstellende Geometrie – Mathematik – Baustofflehre – Bauphysik – Installationstechnik (Sanitär-/Elektro-) – Baukunst – Gestaltungslehre – Plandarstellung – Innenraumgestaltung – Kunstgeschichte u. a. m.

Der Magisterstudiengang Architektur mit dem Schwerpunkt Innenraumgestaltung an der Hochschule für angewandte Kunst in Wien bietet über die bisherigen Darstellungen hinausgehend noch Wahlfächer wie: Fototechnik – Textiltechnik – Filmgestaltung – Museologie – Europäische Geistesgeschichte. Auch hier erfolgt eine Vorauswahl über Mappe und Aufnahmeprüfung.

Dies gilt ebenfalls für die Akademie der bildenden Künste in Wien, die in ihrer Studienordnung vorsieht, dass so genannte Freifächer auch an anderen Hochschulen belegt werden können. Die Begrifflichkeiten in den österreichischen Studienplänen weichen oft ein wenig von den deutschen Definitionen ab, so z. B.: Kunsttheoretische und Humanwissenschaftliche Grundlagen: Kunsttheorie – Verhalten und Raum – Riten in Räumen – Raumbeziehungen/Kirchenbau.

An den österreichischen Kunsthochschulen wird das Studium mit dem/der Magister/Magistra der Architektur abgeschlossen.

Architektur-/Innenarchitekturstudiengänge gibt es an folgenden Hochschulen:

Technische Universität Graz
Rechbauerstraße 12, A-8010 Graz
Tel.: +43 31 68 73 0, Fax: +43 31 68 73 65 62
Internet: http://www.TUGraz.at

Leopold-Franzens-Universität Innsbruck
Innrain 52, A-6020 Innsbruck
Tel.: +43 51 25 07 0, Fax: +43 51 25 07 28 00
Internet: http://www.uibk.ac.at

Kunstuniversität Linz, Universität für künstlerische und industrielle Gestaltung
Hauptplatz 8, A-4010 Linz
Tel.: +43 73 27 89 8, Fax: +43 73 27 83 50 8
Internet: http://www.ufg.ac.at

Technische Universität Wien
Karlsplatz 13, A-1040 Wien
Tel.: +43 15 88 01 0, Fax: +43 15 88 01 40 19 9
Internet: http://www.tuwien.ac.at

Hochschule für angewandte Kunst Wien
Oskar-Kokoschka-Platz 2, A-1010 Wien
Tel.: +43 17 11 33 0, Fax: +43 17 11 33 20 89
Internet: http//www.angewandte.at

Akademie für bildende Künste Wien
Schillerplatz 3, A-1010 Wien
Tel.: +43 15 88 16 0, Fax: +43 15 88 16 13 7
Internet: http://www.akbild.ac.at

3.2 Architekturstudium in der Schweiz

In der Schweiz sind grundsätzlich die Hochschulen selbst bzw. die entsprechenden Fakultäten für die Zulassung zum Studium zuständig. Es ist davon auszugehen, dass ohne entsprechenden Zulassungsnachweis in Deutschland auch in der Schweiz große Schwierigkeiten bestehen, einen Studienplatz für Architektur zu erhalten.

In der deutschsprachigen Schweiz bietet die Eidgenössische Technische Hochschule (ETH) Zürich einen elfsemestrigen Studiengang Architektur an, der dem deutschen Universitätsstudiengang vergleichbar ist: Entwurf und Gestaltung – Tragwerkkonstruktionen – Bautechnologie – Kulturgeschichte – Kunstgeschichte – Geschichte des Städtebaues – Ökonomie – Baurecht – Mathematische Grundlagen – CAD u.v.a.m. gehören zu den wichtigen Fächern in der Studienordnung.

Eidgenössische Technische Hochschule (ETH) Zürich
Rämistrasse 101, CH-8006 Zürich
Tel.: +41 16 32 11 11, Fax: +41 16 32 10 77
Internet: http://www.eth.ch

Selbstverständlich gibt es entsprechende Studiengänge auch in der französisch- und italienischsprachigen Schweiz:

Université de Genève
24, rue du Général-Dufour, CH-1211 Genève 4
Tel.: +41 22 70 57 11 1, Fax: +41 22 32 02 92 7
Internet: http://www.unige.ch

École polytechnique fédérale Lausanne
CH-1015 Lausanne
Tel.: +41 21 69 31 11 1
Internet: http://www.epfl.ch

Universita della Svizzera Italiana
Via Lambertenghi 10, CH-6900 Lugano
Tel.: +41 91 92 38 16 2, Fax: +41 91 92 38 16 3
Internet: http://www.unisi.ch

Mit Beginn des Wintersemesters 1997/98 wurden in der Schweiz Fachhochschulen eingerichtet, die nach und nach die höheren technischen Lehranstalten ersetzen. Architektur kann an folgenden Fachhochschulen studiert werden:

Fachhochschule Aargau für Technik, Wirtschaft und Gestaltung
Klosterzelgstrasse, CH-5210 Windisch
Tel.: +41 56 46 24 41 1, Fax: +41 56 46 24 41 5
Internet: http://www.fh-aargau.ch

FHBB Fachhochschule beider Basel
Gründenstrasse 40, CH-4132 Muttenz
Tel.: +41 61 46 74 24 2, Fax: +41 61 46 74 46 0
Internet: http://www.fhbb.ch

Hochschule für Technik und Architektur Bern
Morgartenstrasse 2c, CH-3000 Bern 22
Tel.: +41 31 33 55 11 1, Fax: +41 31 33 30 62 5
Internet: http://www.isbe.ch

Hochschule für Technik und Architektur Biel
Quellgasse 21, CH-2501 Biel-Bienne
Tel.: +41 32 32 16 11 1, Fax: +41 32 32 16 50 0
Internet: http://www.isbiel.ch

Hochschule für Technik und Architektur Burgdorf
Pestalozzistrasse 20, CH-3400 Burgdorf
Tel.: +41 34 42 64 14 1, Fax: +41 34 42 31 51 3
Internet: http://www.isburg.ch

Scuola universitaria professionale della Svizzera Italiana
Dipartimento delle costruzioni e del territorio
Casella postale 110, CH-6952 Canobbio
Tel.: +41 91 93 51 31 1, Fax: +41 91 93 51 30 9
Internet: http://www.supsi.ch

Ecole d'ingénieurs Fribourg
Boulevard de Pérolles 80, CH-1705 Fribourg
Tel.: +41 26 42 96 61 1, Fax: +41 26 42 96 60 0
Internet: http://www.eif.ch

Ecole d'ingénieurs de Genève
4, rue de la Prairie, CH-1202 Genève
Tel.: +41 22 34 47 75 0, Fax: +41 22 34 49 2
Internet: http://www.eig.ge.ch

Hochschule Technik und Architektur (HTA) Luzern
Technikumstrasse 21, 6048 Horw
Tel.: +41 34 93 31 1, Fax: +41 34 93 96 0
Internet: http://www.hta.fhz.ch

Fachhochschule für Technik St. Gallen
Tellstrasse 2, CH-9000 St. Gallen
Tel.: +41 71 28 80 96 0, Fax: +41 71 28 80 96 1
Internet: http://www.isg.ch

Zürcher Hochschule Winterthur
Technikumstrasse 9, CH-8401 Winterthur
Tel.: +41 52 26 77 17 1, Fax: +41 52 26 87 17 1
Internet: http://www.zhwin.ch

Hochschule für Technik, Wirtschaft und Verwaltung Zürich
Lagerstrasse 45, CH-3021 Zürich
Tel.: +41 12 98 25 22, Fax: +41 12 98 25 30
Internet: http://www.fhzh.ch

Innenarchitektur wird angeboten an der:

Hochschule für Gestaltung und Kunst Basel
Vogelsangstrasse 15, CH-4021 Basel
Tel.: +41 61 69 56 77 1, Fax: +41 61 69 56 86 0
Internet: http://www.unibas.ch/sfg

Ecole des arts décoratifs Genève
2, rue Necker, CH-1201 Genève
Tel.: +41 22 73 20 43 9, Fax: +41 22 73 18 73 4
Internet: http://www.hesge.ch

Scuola universitaria professionale della Svizzera Italiana
Dipartimento di arte applicata
Via Ronchetto 3, CH-6900 Lugano
Tel.: +41 91 81 52 09 1, Fax: +41 91 81 52 09 9
Internet: http://www.supsi.ch

Hochschule für Gestaltung und Kunst Zürich
Ausstellungsstrasse 60, CH-8031 Zürich
Tel.: +41 14 46 21 11, Fax: +41 14 46 21 22
Internet: http://www.hgkz.ch

III BERUFSPERSPEKTIVEN UND ZUSATZQUALIFIKATIONEN

1 Ausblick auf den Arbeitsmarkt

„Welchen Schwerpunkt soll ich wählen, um später gute Chancen auf dem Arbeitsmarkt zu haben?“, fragen angehende Studenten häufig. Immer wieder keimt die Hoffnung auf, zuverlässige Arbeitsmarktprognosen zumindest für den Zeitpunkt des Berufseinstiegs zu bekommen.

In einer schnelllebigen Zeit mit einem hohen Maß an technischen Innovationen und technologischem Wandel, einem raschen Wertewandel, vielen weltpolitischen und sozioökonomischen Unwägbarkeiten, einer Einbindung in ein Weltwirtschaftssystem, dessen (In-)Stabilitätsfaktoren nicht präzise prognostiziert werden können, können auch Arbeitsmarktprognosen nicht das „Unmögliche möglich machen“, nämlich relativ zuverlässig vorhersagen, wer in den nächsten 10–20 Jahren einen sicheren Arbeitsplatz haben wird.

Die Chancen auf dem Arbeitsmarkt korrespondieren häufig mit den Bildungschancen: Je qualifizierter die Ausbildung ist, desto größer ist die Wahrscheinlichkeit, auf dem Arbeitsmarkt unterzukommen. Hochschulabsolventen haben daher generell eher gute Chancen, eine zu ihrer Qualifikation passende Aufgabe zu finden.

Speziell für Architekten gilt allerdings, dass sie weiterhin mit einer schwierigen Situation auf dem Arbeitsmarkt rechnen müssen – kein anderes Land der Welt hat eine so hohe Dichte an Architekten wie die Bundesrepublik Deutschland. In der Arbeitsmarktinformation „Architektinnen und Architekten“ der Zentralstelle für Arbeitsvermittlung (ZAV) heißt es: „Jährlich drängen rund 5.000 Architektur-Absolventen auf den Arbeitsmarkt ... Aber durchweg haben nur berufserfahrene Bewerber und Bewerberinnen Aussichten auf eine Stelle ... Die ersten ‚echten Lehrjahre‘ im Büro stehen an. Für künstlerische Arbeiten bleibt oft wenig Raum ... Bauanträge einreichen ... Änderungen einarbeiten ... den Einsatz der Handwerker koordinieren, ausgebliebene Leistungen einfordern ... all dies gehört zunächst einmal zum wenig kreativen Alltag.“

Der Arbeitsalltag der Architekten hat sich bereits im vergangenen Jahrzehnt stark verändert und dieser Prozess ist noch nicht abgeschlossen. Gemeint ist nicht nur die veränderte Situation beim Zeichnen, wo das Zeichenbrett von PC (CAD) und Plotter verdrängt wird bzw. bereits verdrängt worden ist, sondern das typische Verhältnis Bauherr–Architekt–Bauunternehmer ist immer seltener zu finden. Investoren und Generalunternehmer treten an die Stelle des Bauherrn; nicht mehr

die Architekten, sondern sie sind es dann, die die Unteraufträge vergeben. Damit verliert der Architekt seine zentrale „Treuhänderfunktion“.
Was jahrzehntelang von vielen Architekten tunlichst vermieden wurde, wird heute zunehmend zur Ultima Ratio: Das feste Anstellungsverhältnis bei großen Bauunternehmungen.

Flexibilität und Mobilität nicht nur räumlich, sondern auch inhaltlich sind gefordert. Der Arbeitnehmer der Zukunft wird kaum noch ein „lebenslängliches“ Beschäftigungsverhältnis eingehen können. Befristete Projekte werden zunehmend auch befristete Beschäftigungsverhältnisse bedeuten. Tätigkeitsschwerpunkte werden gewechselt werden müssen – aus einem Architekt kann ein Gebäudemanager werden oder ein Fachmann für Energie- und ökologische Gutachten oder auch ein Vermögensberater.

Einen detaillierten Überblick über die aktuelle Beschäftigungssituation gibt die Statistik der Bundesarchitektenkammer vom 1. Januar 2001:

Bundeskammerstatistik, Stand 1.1.2001	Deutschland	alte Bundesländer	neue Bundesländer
Freischaffende Hochbauarchitekten	46.994	39.134	7.860
Beamtete und angestellte Hochbauarchitekten	41.443	36.963	4.480
Beamtete Hochbauarchitekten	5.208	4.723	485
Angestellte Hochbauarchitekten	36.235	32.240	3.995
Gewerblich tätige Hochbauarchitekten	2.782	2.668	114
Hochbauarchitekten insgesamt	**91.219**	**78.765**	**12.454**
Freischaffende Landschaftsarchitekten	2.749	2.118	631
Beamtete und angestellte Landschaftsarchitekten	2.306	1.888	418
Beamtete Landschaftsarchitekten	279	186	93
Angestellte Landschaftsarchitekten	2.027	1.702	325
Gewerblich tätige Landschaftsarchitekten	84	77	7
Landschaftsarchitekten insgesamt	**5.139**	**4.083**	**1.056**
Freischaffende Innenarchitekten	2.252	1.987	265
Beamtete und angestellte Innenarchitekten	2.217	2.032	185
Beamtete Innenarchitekten	67	53	14
Angestellte Innenarchitekten	2.150	1.979	171

Bundeskammerstatistik, Stand 1.1.2001	**Deutschland**	**alte Bundesländer**	**neue Bundesländer**
Gewerblich tätige Innenarchitekten	187	178	9
Innenarchitekten insgesamt	**4.656**	**4.197**	**459**
Freischaffende Stadtplaner	1.243	948	295
Beamtete und angestellte Stadtplaner	1.496	1.096	400
Beamtete Stadtplaner	312	197	115
Angestellte Stadtplaner	1.184	899	285
Gewerblich tätige Stadtplaner	8	5	3
Stadtplaner insgesamt	**2.747**	**2.049**	**698**
Summe aller Architekten und Stadtplaner	**103.761**	**89.094**	**14.667**
Summe aller freischaffenden Architekten und Stadtplaner	**53.238**	**44.187**	**9.051**
Summe aller beamteten und angestellten Architekten und Stadtplaner	**47.462**	**41.979**	**5.483**
Summe aller beamteten Architekten und Stadtplaner	**5.866**	**5.159**	**707**
Summe aller angestellten Architekten und Stadtplaner	**41.596**	**36.820**	**4.776**
Summe aller gewerblichen Architekten und Stadtplaner	**3.061**	**2.928**	**133**
Architekten im Ruhestand / nicht beruflich tätig 1)	11.179	10.044	1.135
Architekten im Ruhestand	5.106	4.647	459
Nicht beruflich tätige Architekten	6.073	5.397	676
Doppeleintragungen 2)	2.606	2.190	416
Mitglieder aus anderen Architektenkammern	600	–	600
Mitglieder in den Architektenkammern	**109.461**	**95.071**	**14.390**

1) In den Bundesländern Baden-Württemberg, Hessen, Nordrhein-Westfalen, Saarland und Sachsen-Anhalt sind Architekten im Ruhestand und nicht beruflich tätige Architekten in den Angaben nach Fachgruppen (Zeilen 3–31) nicht enthalten.

2) In den Bundesländern Baden-Württemberg, Hamburg und Sachsen enthalten die Angaben nach Fachgruppen (Zeilen 3–31) keine Doppeleintragungen, d. h. nur die Ersteintragung ist berücksichtigt.

Wie aus der Tabelle zu ersehen ist, ist etwa die Hälfte der Architekten und Stadtplaner freiberuflich tätig – in der gewerblichen Wirtschaft arbeiten nur etwa 3%. Der an den Vorjahren gemessene Höchststand an eingetragenen Architekten wird in den nächsten Jahren vermutlich noch weiterhin übertroffen werden.

Nach einer Prognose der Bundesarchitektenkammer (BAK) werden bis zum Jahr 2005/2006 jährlich 6.500 bis 7.000 (die Bundesanstalt für Arbeit prognostiziert rund 5.000) Studierende das Architekturstudium erfolgreich abschließen, aber nur 2.500 bis 3.000 Architekten das Ruhestandsalter erreichen.
Einen guten Einblick in die Alterstruktur der Architektenschaft gibt eine Übersicht der BAK:

Vergleich der Altersstruktur der beruflich tätigen Ingenieure für Architektur, Innenarchitektur, Landschaftsgestaltung und Raumplanung

	Kammerstatistik		Erwerbstätigenstatistik		Differenz
Alter	absolut	in Prozent	absolut	in Prozent	
25–30	2.350	2,8%	11.000	8,9%	8.650
30–35	10.030	11,9%	22.000	17,7%	11.970
35–45	30.130	35,6%	40.000	32,3%	9.870
45–55	20.117	23,8%	24.000	19,4%	3.883
55–60	9.726	11,5%	12.000	9,7%	2.274
60 und mehr	12.175	14,4%	15.000	12,1%	2.825
	84.528		124.000		39.472

Nach Ansicht der BAK wird diese Situation dazu führen, dass etwa die Hälfte der Hochschulabsolventen des Studienfachs Architektur sich gar nicht erst um die Eintragung in die Architektenkammer bemüht. Sie werden in anderen Bereichen einen beruflichen Ansatz finden, sei es in der Immobilienwirtschaft, im Medienbereich oder auch im Marketing, um nur einige Beispiele zu nennen.

Aber: „Maßgeblich für die Wahl des Studienfaches sollten jedoch nicht nur wirtschaftliche Prognosen sein, sondern vor allem persönliche Neigungen, Fähigkeiten und Stärken. Für motivierte und befähigte Absolventen sind Übergangsprognosen ohnehin ziemlich bedeutungslos“, so die Autoren der *Blätter zur Berufskunde Diplom-Ingenieur/Diplom-Ingenieurin Architektur* (S. 72).

Die Arbeitsmarktsituation für Architekten und Innenarchitekten ist nicht zuletzt von der Gesamtsituation der Bauwirtschaft abhängig und die bewegt sich immer noch eher auf der Talsohle. Der erhoffte Aufschwung durch verstärkte Bauaktivitäten in den neuen Bundesländern ist augenscheinlich aus zu optimistischer Sicht prognostiziert worden. Private Bauinvestitionen sind teilweise durch große Zurückhaltung gekennzeichnet, die sehr schlechte Finanzlage der öffentlichen Kassen führt zur Enthaltsamkeit bei Baumaßnahmen und enorm gestiegene Baulandpreise sind nur einige Faktoren, die die Flaute in der Bauwirtschaft erklären. Für den einzelnen Architekten bzw. Innenarchitekten ist die Situation so gut oder schlecht, wie er inhaltlich und räumlich flexibel und mobil ist.

Wer Zusatzkenntnisse und/oder außergewöhnliche Qualifikationen nachweist, kann ggf. eher zu einem gefragten Mitarbeiter werden als derjenige, der außer den Mindestanforderungen im Studium keine Qualifikationen erworben hat. Wer ausschließlich in der Großstadt oder gar nur an seinem Studienort auf einen Berufseinstieg baut, wird es wahrscheinlich schwerer haben als derjenige, der auch in Klein- und Mittelstädten oder in unattraktiven Regionen arbeiten wird. Wer sehr gute EDV/CAD-Kenntnisse und -Fertigkeiten hat, wird bessere Chancen haben als der EDV-Minimalist. Wer kaufmännisches Know-how und/oder Auslandserfahrung hat, erhöht seine Chancen ebenfalls beträchtlich.

Die Frage „Habe ich bessere Chancen mit einer stärker künstlerisch orientierten Studienganggestaltung oder mit einer ingenieurbetonten Studienausrichtung?" kann zu einem Glaubenskrieg unter Fachleuten führen.
Einen quantitativen und qualitativen Überblick über die jeweils aktuelle Arbeitsmarktsituation verschafft ein Studium der aktuellen Stellenanzeigen in der einschlägigen Fachpresse und in regionalen, besser noch überregionalen Tageszeitungen (Stellenmarkt am Samstag) – den größten und schnellsten Überblick bekommt man mit Hilfe von Internet-Stellenbörsen.
Auf den nächsten Seiten finden Sie einige typische Stellenanzeigen, aus denen man sehr gut die Anforderungen an Architekten und Innenarchitekten auf dem Arbeitsmarkt ersehen kann:

Architekten

Wir suchen Sie als Mitarbeiter/in für

Beratung/Vertrieb Bauwesen

Ihre Aufgabe ist der indirekte Vertrieb der auf AutoCAD basierenden Architekturprodukte.
Der Schwerpunkt Ihrer Tätigkeit liegt in der Betreuung des bestehenden Händlerkanals sowie der Akquisition von neuen Händlern. Dabei unterstützen Sie die Partner von der ersten Präsentation der Software bis zum Verkaufsabschluss.

Sie sind zwischen 25 und 35 Jahre alt und haben nach einer einschlägigen Ausbildung (Architektur oder Bauwesen) erste Erfahrungen im Vertrieb gesammelt. Sie verfügen über gute CAD-Kenntnisse, sind kommunikativ, können andere überzeugen und arbeiten gerne im Team.

Firma ... Software AG

Die .... Gruppe produziert amorphe PET-Platten.
Unsere Vertriebsgesellschaft sucht für dieses Geschäftsfeld eine/n

Architekt(in)/Bauingenieur(in)

Ihr Aufgabenbereich umfasst die weitere Markteinführung unseres Produkts in die Hauptanwendung im Bau über Anwender, Planer und Key-Accounts, die Pflege und Erarbeitung anwenderspezifischer Dokumentationen, die Betreuung von Zertifizierungen sowie die Vorbereitung und Durchführung von Mailings an Architektur- und Planungsbüros.

Firma ... ...Glas

Für eine große Baumaßnahme suchen wir eine/n

Architekten/in Bauingenieur/in

für den Bereich Terminplanung,

Zu Verstärkung unseres erfahrenen Teams stellen wir uns einen Kollegen mit ca. 3–5-jähriger Erfahrung in der Abwicklung komplexer Hochbauprojekte vor, der Neigung zur analytischen Konzeption von Abläufen und Organisationstalent mitbringt.

Teamorientierte Arbeitsweise, überdurchschnittliche EDV-Kenntnisse, Fähigkeit zur freundlichen Kommunikation sowie Durchsetzungsvermögen sind Voraussetzung für Ihren Erfolg.

Firma ... Baumanagement GmbH

... Kunden begeistern. Erfolgreich sein. Am Puls der Zeit. Innovativ, kommunikativ – Wissen im Netz.

1.000 herausragende Projekte. 600 motivierte Mitarbeiter.

Projektleiter/in „Schlüsselfertige Projekte"

Bauingenieur/in oder Architekt/in mit fundierter baupraktischer Erfahrung. Für aktive Planung und Steuerung bei ganzheitlichen Projektabwicklungsmodellen.
Unterstützt von unseren Expertensystemen.

Firma ...
Experten für Management und Beratung im Bauwesen

Wir suchen zum sofortigen Eintritt

ARCHITEKT/IN

zur Planung und Bearbeitung von Mietsonderwünschen für größere neu zu erstellende Büroobjekte. Kostenbewusstes Handeln und Verhandlungsgeschick setzen wir voraus.

Firma ...mittelständisches Unternehmen der Bauträgerbranche.

Die Gemeinde ... stellt zum nächstmöglichen Zeitpunkt ein

Amtsleiter/Amtsleiterin

für das gemeindliche Hochbauamt

Das Aufgabengebiet umfasst insbesondere
- die Leitung des Hochbauamts
- Planung, Ausschreibung, Vergabe und Durchführung von Hochbau- und Instandhaltungsmaßnahmen
- Wahrnehmung der Bauherrenaufgaben
- Projektsteuerungs-und Abrechnungsaufgaben
- Erstellung von Kostenschätzungen/Kostenberechnungen
- Bearbeitung der gemeindlichen Aufgaben als untere Denkmalbehörde

Wir erwarten
- die Qualifikation als Diplom-Ingenieur (FH) Fachrichtung Hochbau bzw. Architektur
- die Fähigkeit zu selbstständiger und teamorientierter Arbeit
- die Fähigkeit Leitungsfunktionen zu übernehmen sowie organisatorisches Geschick und Durchsetzungsvermögen
- vertiefte Kenntnisse des Baurechts, insbesondere im Hinblick auf Baugenehmigungsverfahren
- EDV-Kenntnisse

... Gemeinde ...

Architekt/in

gesucht.

Als guter Entwerfer ist das Entwickeln von funktionalen Konstruktionen für Sie so selbstverständlich wie der sichere Umgang mit PC ...

Firma Architekturbüro ...

Starten Sie am Flughafen...

Als dynamisch wachsender Flughafen setzen wir auch künftig auf unsere kompetenten, engagierten und zufriedenen Mitarbeiter.
Interessiert Sie die Mitarbeit in unserer Abteilung Hochbau?

Wir suchen einen ■ **Architekten/in**

Das Aufgabengebiet umfasst
die Planung, Steuerung und Bauleitung von Neubau-, Umbau- und Erweiterungsmaßnahmen sowie von Baumaßnahmen im Rahmen der Gebäudeinstandhaltung.

Wir erwarten

- abgeschlossenes Studium der Architektur
- Berufserfahrung im Bereich Projektmanagement und Bauleitung
- ausgeprägtes Verantwortungsbewusstsein für Qualität, Termine und Kosten
- Sicheres und seriöses Auftreten
- Eigeninitiative, selbstständige Arbeitsweise
- Flexibilität, Kreativität und Teamfähigkeit

Firma ... Flughafen ...

Innenarchitekten

INNENARCHITEKT

gesucht

Wir sind ein Studio für Architektur, Innenarchitektur und Design.
Wir suchen einen engagierten Innenarchitekten als freien Mitarbeiter.
Sie sollten kreativ in der Gestaltung und diszipliniert in der technischen Umsetzung sein.
Sehr gute CAD-Kenntnisse setzen wir voraus.

Firma ... Design GmbH

Eine Internationale Handels/Unternehmensgruppe sucht für die Ausstattung und Betreuung ihrer Märkte, für Neubauten und Umbauprojekte eine/n

Projektleiter/in „Inneneinrichtung“

Im Rahmen der Projektabwicklung gehören zu Ihren vorrangigen Aufgaben:
- Layoutplanung für die ...-Märkte
- Planung der Warenträger und Warenpräsentation
- Organisation und Durchführung von Neu- und Umbauten
- Koordination der Maßnahmen mit allen betroffenen Bereichen
- Planung der Einrichtungssysteme und deren Bestellung
- Planung und Abrechnung der Einrichtungsbudgets

Sie verfügen über fundiertes Fachwissen sowie praktische Berufserfahrung im Ladenbau oder waren bereits in vergleichbarer Position in einem Handelsunternehmen tätig.
Hilfreich wäre auch ein Studium der Innenarchitektur.

Firma ... ... Handelsgesellschaft

In unserem Innenarchitekturbüro bieten wir einer/m jungen engagierten

Innenarchitektin/en

eine interessante berufliche Perspektive. Wir arbeiten in den Bereichen gehobene Gastronomie und Hotellerie sowie im privaten exklusiven Wohnungsbau.

Sie verfügen bereits über einige Jahre Berufserfahrung und haben in der Projektbearbeitung vom Entwurf über die Ausführungsplanung, Ausschreibung bis hin zur Bauleitung eigenständig gearbeitet.

Firma... Büro ...

Wir suchen

INNENARCHITEKT/IN

für unser Einrichtungshaus.

Wenn Sie „ja“ zu Beratung und Verkauf sagen, schreiben Sie uns...

Firma .... Einrichtungshaus

Verdienstsituation
In den Stellenanzeigen sind sehr selten konkrete Gehaltsangaben zu finden. Die Schwankungsbreite der Einstiegsgehälter für Hochschulabsolventen ist groß. Sie resultiert nicht zuletzt aus den Tarifunterschieden zwischen Ost und West.
Zwischen Universitäts- und Fachhochschulabsolventen macht die freie Wirtschaft häufig keinen (gravierenden) Unterschied bezüglich der Einstiegsgehälter. Anders ist die Situation im öffentlichen Dienst. Der Fachhochschulabsolvent wird in den

gehobenen Dienst eingestuft, der Universitätsabsolvent in den höheren Dienst. Der Unterschied beim Bruttoeinstiegsgehalt kann dementsprechend rund 510 EUR betragen. Für einen 28-jährigen unverheirateten, kinderlosen Berufsanfänger bedeutet dies ein Anfangsgehalt von etwa 2.800 EUR im höheren Dienst und etwa 2.300 EUR im gehobenen Dienst.

In der freien Wirtschaft entscheidet eher die Tätigkeit und der damit verbundene Schwierigkeitsgrad über die Gehaltshöhe. Einstiegsgehälter liegen zwischen ca. 1.800 EUR und 2.800 EUR. Lässt sich ein Architekt nach den ersten Berufsjahren im Angestelltenverhältnis freiberuflich nieder – das ist frühestens nach einer zweijährigen Tätigkeit nach dem Hochschulabschluss möglich – wird er mit einem mittleren Einkommen von ca. 2.600 EUR rechnen können – vorausgesetzt er hat eine anfängliche Durststrecke, gekennzeichnet von Auftragsmangel, unbeschadet überwunden. Der angestellte Architekt wird mit entsprechender Berufserfahrung ein Einkommen zwischen ungefähr 2.100 EUR und 3.600 EUR erreichen können.

Wer sein Berufsziel in einem eigenen Büro erfüllt sieht, sollte wissen, dass rund jedes dritte Architekturbüro ein Ein-Mann-Unternehmen ist. Da ist Einzelkämpfertum gefragt. Diese Angaben gelten sinngemäß auch für Innenarchitekten.

2 Zusatzqualifikationen – welche Möglichkeiten gibt es?

Promotion

Der Einblick in die verschiedenen Studienpläne hat gezeigt, wie zahlreich die Variationsmöglichkeiten für die inhaltliche Gestaltung der Studiengänge Architektur und Innenarchitektur sind.
Für alle verbindlich ist das Hauptstudium durch das Fach „Entwurf" gekennzeichnet. Die weitere inhaltliche Ausgestaltung hängt von der jeweiligen Schwerpunktwahl ab. Aus diesem Schwerpunktfach ergibt sich nicht selten das Thema für die Diplomarbeit. Die Diplomarbeit wiederum kann Vorbereitung für die Promotion sein.

Promovieren bedeutet, sich weiter- und tiefer gehend, meist im Sinne einer hochgradigen Spezialisierung, wissenschaftlich mit einem Thema auseinander zu setzen, einen Forschungsbeitrag zu leisten. Das Erarbeiten der Dissertation (Promotionsschrift) wird durchaus zwei bis drei Jahre in Anspruch nehmen. Für die Promotion gibt es verbindliche Regelungen – die Promotionsordnung. Jede Universität hat ihre eigene Promotionsordnung und ihr eigenes Promotionsrecht. Eine Promotion setzt in der Regel einen ersten wissenschaftlichen Abschluss mit gutem bzw. sehr gutem Ergebnis voraus. In der Architektur ist die Promotion aber eher unüblich.

Ein Fachhochschulabsolvent kann unter bestimmten Bedingungen auch promovieren, z. B. wenn er nach der Bachelor-Qualifikation noch ein weiterführendes Master-Studium absolviert und den Master-Titel erworben hat oder an einer Universität bzw. Gesamthochschule den weiterführenden Diplom-II-Studiengang abgeschlossen hat. Einzelheiten dazu sind an der Hochschule, an der man studiert bzw. promivieren möchte, zu erfragen. Hier gibt es von Universität zu Universiät und von Bundesland zu Bundesland Unterschiede. Der Titel, den man nach einer erfolgreichen Promotion verliehen bekommt, ist der des „Dr. Ing.".

Habilitation

In der Architektur wird im Allgemeinen nur promovieren, wer in der Hochschulforschung und -lehre verbleiben will, was aber durchaus auch ohne Promotion möglich ist. Wer eine Professur anstrebt, muss in der Regel eine erheblich höhere wissenschaftliche Qualifikation als die Promotion erarbeiten, nämlich die Habilitation(sschrift). Auch dazu gibt es an den Universitäten besondere Habilitationsordnungen. Gerade in der Architektur und Innenarchitektur gibt es von den genannten allgemeinen Promotions- und Habilitationsgrundsätzen viele Abweichungen, die an der jeweiligen Hochschule zu erfragen sind.

Aufbaustudium

Wer sich weiterqualifizieren möchte, um fundierte Spezialkenntnisse auf einem bestimmten Gebiet zu erwerben, kann ein Aufbaustudium absolvieren. Dies dauert in der Regel drei bis vier Semester – am Ende kann eine Prüfung stehen, die jedoch keine weitergehende wissenschaftliche Qualifikation bedeutet wie die Promotion.

Neben den so genannten Aufbaustudiengängen sind Begriffe wie Zusatzstudiengänge, Ergänzungsstudiengänge oder auch Weiterbildungsstudiengänge zu finden. Diese gibt es sowohl als Vollzeitangebote als auch als – allerdings in sehr wenigen Fällen – Fernstudium.

Die folgende Tabelle soll Aufschluss über die engeren fachbezogenen Weiterqualifizierungsmöglichkeiten geben:

Studiengang	Hochschule	Zeitrahmen
Altbauinstandsetzung	Universität Karlsruhe	2 Semester, Vollzeit
Architektur – Aufbaustudium	Fachhochschule Düsseldorf	3 Semester, Vollzeit
Architektur – Aufbaustudium	Kunstakademie Düsseldorf	4 Semester, Vollzeit
Architektur – Aufbaustudium	Staatl. Hochschule für Bildende Künste Frankfurt/Main – Städelschule	4 Semester, Vollzeit
Architektur – Aufbaustudium	Universität/Gesamthochschule Kassel	5 Semester, Vollzeit für FH-Absolventen und für Bewerber mit Vordiplom einer wiss. Hochschule
Architektur – Aufbaustudium	Akademie der Bildenden Künste München	4 Semester, Vollzeit
Architektur – Ergänzungsstudium	Kunsthochschule Berlin-Weißensee	4 Semester, Vollzeit für FH-Absolventen
Architektur – Masterstudiengang für FH-Absolventen	Fachhochschule Biberach	15 Monate, 3 Tage/Woche
Architektur – Masterstudiengang für FH-Absolventen	Hochschule Anhalt	3 Semester, Vollzeit
Architektur der Ausstellungen und Freizeitanlagen	Fachhochschule Köln	3 Semester, Teilzeit (54 Std.)

Studiengang	Hochschule	Zeitrahmen
Architektur und Design – Textil-Design (nur für Kunsthochschulabsolventen)	Akademie der Bildenden Künste Stuttgart	4 Semester, Vollzeit
Baubetrieb – Weiterbildungsstudium	Bauhaus-Universität Weimar	3 Semester, Fernstudium
Baudenkmalspflege, Denkmalsbereichs- und Umfeldplanung	Fachhochschule Köln	1,5 Jahre, Teilzeit (56 Std.)
Bauinformatik – Ergänzungsstudium	Fachhochschule Hildesheim/Holzminden	2 Semester, Vollzeit
Bauingenieurwesen – Aufbaustudium	Universität Karlsruhe	4 Semester, Vollzeit
Bauingenieur- und Vermessungswesen	Universität Karlsruhe	2–4 Semester, Vollzeit
Denkmalpflege – Aufbaustudium	Universität Bamberg	2 Semester, Vollzeit
Denkmalpflege – Aufbaustudium	Fachhochschule Coburg	2 Semester, Vollzeit
European Construction Management	Fachhochschule Karlsruhe	2 Semester, Vollzeit
Europäische Urbanistik	Universität Weimar	4 Semester, Teilzeit (64 Std.)
Immobilienbewertung	Hochschule Anhalt	4 Semester, Vollzeit
Immobilienwirtschaft – Zusatzstudium	Fachhochschule Lippe (Detmold)	3 Semester, Vollzeit
Nachhaltiges Planen und Bauen	Fachhochschule Hannover	1 Jahr, Teilzeit (50 Std.)
Planen und Bauen in Entwicklungsländern	Universität Karlsruhe	4 Semester, Vollzeit
Qualitätssicherung im Bauwesen – Weiterbildungsstudium	Fachhochschule Nordostniedersachsen (Buxtehude)	Dauer ist abhängig von individueller Gestaltung, Teilzeit

Studiengang	Hochschule	Zeitrahmen
Stadt-, Regional-, Landes- und Raumplanung – Aufbaustudium	Universität Karlsruhe	4 Semester, Vollzeit (nur für Absolventen eines wiss. Hochschulstudiums)
Städtebau/Stadtentwicklungsplanung – Aufbaustudium	Universität/Gesamthochschule Kassel	5 Semester, Vollzeit (erforderl. Abschluss s. o. Architektur/ Kassel
Szenografie – Ergänzungsstudium	Fachhochschule Rosenheim	3 Semester, Vollzeit (für Innenarchitekten; für Architekten nur bei Nachweis besonderer Kenntnisse auf dem Gebiet der Innenarchitektur)
Umwelttechnik Bauwesen – Berufsbegleitendes Aufbaustudium	Fachhochschule Mainz	2 Semester, Teilzeit
Umwelttechnik Bauwesen/ Ökologisches Bauen – Integrierter Konsekutivstudiengang	Bergische Universität Gesamthochschule Wuppertal	3 Semester, Vollzeit
Unternehmensführung für Bauingenieure und Architekten	Fachhochschule Biberach	6 Monate, Teilzeit
Wirtschaftsingenieurwesen – Aufbaustudium	Technische Universität Braunschweig	4 Semester, Vollzeit (nur für Absolventen eines Universitätsstudiums)
Wirtschaftsingenieurwesen – Aufbaustudium	Universität Karlsruhe	4 Semester, Vollzeit (nur für Absolventen eines wiss. Hochschulstudiums)

Wer ein Aufbaustudium plant, sollte beachten, dass die Hochschulen ihr Angebot immer wieder ergänzen bzw. den aktuellen wissenschaftlichen Standards anpassen. Die Entscheidung für ein Aufbaustudium fällt häufig unter dem Aspekt „Verbesserung der Chancen auf dem Arbeitsmarkt/inhaltliche Flexibilität" oder „Vertiefung eines individuellen Interessengebiets".

Der Erwerb von Zusatzqualifikationen ist grundsätzlich sehr sinnvoll – allerdings sollte berücksichtigt werden, dass Arbeitgeber gerne „junge" Hochschulabsolventen einstellen und dass eine theoretische Zusatzqualifikation bestenfalls im Ausnahmefall Berufspraxis ersetzen kann.
In einem Interview mit dem „abi-Berufswahlmagazin" sagt Prof. Dipl.-Ing. Jürgen Bredow von der TH Darmstadt: „Wer an der Hochschule nur seine Standardausbildung absolviert, wird es hinterher auf dem Arbeitsmarkt schwer haben." (abi Berufswahl-Magazin 6+7/2000, S. 14)

3 Alternativen zum Architektur- bzw. Innenarchitekturstudium

Wer während der Lektüre dieses Studienführers unsicher geworden ist, ob Architektur bzw. Innenarchitektur das richtige Studienfach für ihn ist, sollte sich mit folgenden Studiengängen intensiver befassen:

- Bauingenieurwesen
- Design
- Holztechnik
- Karthografie
- Landespflege
- Raumplanung
- Städteplanung/Städtebau
- Vermessungswesen

Es sei nachdrücklich erwähnt, dass diese Studiengänge grundsätzlich zu ganz anderen Tätigkeiten führen und ganz andere Studieninhalte haben. Sie haben teilweise nur kleine, manchmal auch größere Schnittmengen mit der Architektur bzw. Innenarchitektur.

IV ANHANG

1 Hochschulanschriften

1.1 Universitäten/Gesamthochschulen

Rheinisch-Westfälische Technische Hochschule Aachen
Templergraben 55, 52062 Aachen
Tel.: (02 41) 80-1, Fax: (02 41) 8 88 83 12
Internet: http://www.rwth-aachen.de
Studiengang: Architektur

Technische Universität Berlin
Straße des 17. Juni 135, 10623 Berlin
Tel.: (0 30) 3 14-0, Fax: (0 30) 3 14-2 32 22
Internet: http://www.tu-berlin.de
Studiengänge: Architektur, Raumplanung

Technische Universität Carolo-Wilhelmina zu Braunschweig
Pockelsstraße 14, 38106 Braunschweig
Tel.: (05 31) 3 91-0, Fax: (05 31) 3 91-45 77
Internet: http://www.tu-bs.de sowie http://www.uni2000.de
Studiengang: Architektur

Brandenburgische Technische Universität Cottbus
Universitätsplatz 3–4, 03044 Cottbus
Tel.: (03 55) 69-0, Fax: (03 55) 69-27 21
Internet: http://www.tu-cottbus.de
Studiengänge: Architektur, Raumplanung

Technische Universität Darmstadt
Karolinenplatz 5, 64289 Darmstadt
Tel.: (0 61 51) 16-0, Fax: (0 61 51) 16-54 89
Internet: http://www.tu-darmstadt.de
Studiengang: Architektur

Universität Dortmund
August-Schmidt-Straße 4, 44227 Dortmund
Tel.: (02 31) 7 55-1, Fax: (02 31) 7 55-51 50
Internet: http://www.uni-dortmund.de
Studiengänge: Architektur, Raumplanung

Technische Universität Dresden
Mommsenstraße 13, 01069 Dresden
Tel.: (03 51) 4 63-0, Fax: (03 51) 4 71 02 94
Internet: http://www.tu-dresden.de
Studiengänge: Architektur, Landschaftsarchitektur

Universität-Gesamthochschule Essen
Universitätsstraße 2, 45141 Essen
Tel.: (02 01) 1 83-1, Fax: (02 01) 1 83-21 51
Internet: http://www.uni-essen.de
Studiengang: Landschaftsarchitektur

Technische Universität Hamburg-Harburg
Schwarzenbergstraße 95, 21073 Hamburg
Tel.: (0 40) 4 28 78-0, Fax: (040) 4 28 78-20 40
Internet: http://www.tu-harburg.de
Studiengang: Raumplanung

Universität Hannover
Welfengarten 1, 30167 Hannover
Tel.: (05 11) 7 62-0, Fax: (05 11) 7 62-34 56
Internet: http://www.uni-hannover.de
Studiengang: Architektur

Universität Kaiserslautern
Gottlieb-Daimler-Straße, 67653 Kaiserslautern
Tel.: (06 31) 2 05-0, Fax: (06 31) 2 05-32 00
Internet: http://www.uni-kl.de
Studiengänge: Architektur, Raumplanung

Universität Fridericiana zu Karlsruhe
Kaiserstraße 12, 76131 Karlsruhe
Tel.: (07 21) 6 08-0, Fax: (07 21) 6 08-42 90
Internet: http://www.uni-karlsruhe.de
Studiengang: Architektur

Universität-Gesamthochschule Kassel
Mönchebergstraße 19, 34125 Kassel
Tel.: (05 61) 8 04-0, Fax: (05 61) 8 04-72 33
Internet: http://www.uni-kassel.de
Studiengänge: Architektur, Raumplanung

Technische Universität München
Arcisstraße 21, 80333 München
Tel.: (0 89) 2 89-01, Fax: (0 89) 2 89-2 20 00
Internet: http://www.tu-muenchen.de
Studiengänge: Architektur, Landschaftsarchitektur und Landschaftsplanung

Universität-Gesamthochschule Paderborn
Warburger Straße 100, 33098 Paderborn
Tel.: (0 52 21) 60-0, Fax: (0 52 21) 60-25 19
Internet: http://www.uni-paderborn.de
Studiengang: Landschaftsarchitektur

Universität Stuttgart
Keplerstraße 7, 70174 Stuttgart
Tel.: (07 11) 1 21-0, Fax: 1 21-21 13
Internet: http://www.uni-stuttgart.de
Studiengang: Architektur

Bauhaus-Universität Weimar
Geschwister-Scholl-Straße 8, 99423 Weimar
Tel.: (0 36 43) 58-0, Fax: (0 36 43) 58-11 20
Internet: http://www.uni-weimar.de
Studiengang: Architektur

Bergische Universität-Gesamthochschule Wuppertal
Gaußstraße 20, 42119 Wuppertal
Tel.: (02 02) 4 39-1, Fax: (02 02) 4 39-29 01
Internet: http://www.uni-wuppertal.de
Studiengang: Architektur

1.2 Kunsthochschulen

Hochschule der Künste Berlin
Einsteinufer 43-54, 10587 Berlin
Tel.: (0 30) 31 85-0, Fax: (0 30) 31 85-26 35, -27 58
Internet: http://www.hdk-berlin.de
Studiengang: Architektur

Burg Giebichenstein – Hochschule für Kunst und Design Halle
Neuwerk 7, 06108 Halle
Tel.: (03 45) 77 51-50, Fax: (03 45) 77 51-5 69
Internet: http://www.burg-halle.de
Studiengang: Innenarchitektur

Hochschule für Bildende Künste Hamburg
Lerchenfeld 2, 22081 Hamburg
Tel.: (0 40) 4 28 32-32 55, Fax: (0 40) 4 28 32-22 79
Internet: http://www.kunsthochschule.uni-hamburg.de
Studiengang: Architektur

Akademie der Bildenden Künste München
Akademiestraße 2, 80799 München
Tel.: (0 89) 38 52-2 06
http://www.adbk.mhn.de
Studiengang: Innenarchitektur

Akademie der Bildenden Künste Nürnberg
Blingstraße 60, 90480 Nürnberg
Tel.: (09 11) 94 04-0, Fax: (09 11) 94 04-1 50
Internet: http://www.adbk-nuernberg.de
Studiengang: Innenarchitektur

Staatliche Akademie der Bildenden Künste Stuttgart
Am Weißenhof 1, 70191 Stuttgart
Tel.: (07 11) 25 75-0, Fax: (07 11) 25 75-1 02
Internet: http://www.abk-stuttgart.de
Studiengang: Architektur und Design

1.3 Fachhochschulen

Fachhochschule Aachen
Kalverbenden 6, 52066 Aachen
Tel.: (02 41) 60 09-0, Fax: (02 41) 60 09-10 90
Internet: http://www.fh-aachen.de
Studiengang: Architektur

Fachhochschule Anhalt – Hochschule für Angewandte Wissenschaften
Bernburger Straße 55, 06366 Köthen
Tel.: (0 34 96) 67-0, Fax: (0 34 96) 2 12-1 52, -0 81
Internet: http://www.hs-anhalt.de
Studiengänge: Architektur, Landespflege/Landschaftsgestaltung

Fachhochschule Augsburg
Baumgartnerstraße 16, 86161 Augsburg
Tel.: (08 21) 55 86-0, Fax: (08 21) 55 86-2 22
Internet: http://www.fh-augsburg.de
Studiengang: Architektur

Technische Fachhochschule Berlin
Luxemburger Straße 10, 13353 Berlin
Tel.: (0 30) 45 04-1, Fax: (0 30) 45 04-27 05
Internet: http://www.tfh-berlin.de
Studiengänge: Architektur, Landschaftsarchitektur und Umweltplanung

Fachhochschule Biberach – Hochschule für Bauwesen und Wirtschaft
Karlstraße 11, 88400 Biberach
Tel.: (0 73 51) 5 82-0, Fax: (0 73 51) 5 82-1 19
Internet: http://www.fh-biberach.de
Studiengang: Architektur

Fachhochschule Bielefeld (Minden)
Kurt-Schumacher-Straße 6, 33615 Bielefeld
Tel.: (05 21) 1 06-01, Fax: (05 21) 1 06-77 90
Internet: http://www.fh-bielefeld.de
Studiengang: Architektur

Fachhochschule Bochum
Universitätsstraße 150, 44801 Bochum
Tel.: (02 34) 32-2 01, Fax: (02 34) 32-1 42 19
Internet: http://www.fh-bochum.de
Studiengang: Architektur

Hochschule Bremen
Neustadtswall 30, 28199 Bremen
Tel.: (04 21) 59 05-0, Fax: (04 21) 59 05-22 92
Internet: http://www.hs-bremen.de
Studiengang: Architektur

Fachhochschule Coburg
Friedrich-Streib-Straße 2, 96450 Coburg
Tel.: (0 95 61) 3 17-0, Fax: (0 95 61) 3 17-2 75
Internet: http://www.fh-coburg.de
Studiengänge: Architektur, Innenarchitektur

Fachhochschule Darmstadt
Haardtring 100, 64295 Darmstadt
Tel.: (0 61 51) 16-02, Fax: (0 61 51) 16-89 49
Internet: http://www.fh-darmstadt.de
Studiengänge: Architektur, Innenarchitektur

Fachhochschule Dortmund
Sonnenstraße 96, 44139 Dortmund
Tel.: (02 31) 91 12-0, Fax: (02 31) 91 12-3 13
Internet: http://www.fh-dortmund.de
Studiengang: Architektur

Hochschule für Technik und Wirtschaft Dresden (FH)
Friedrich-List-Platz 1, 01069 Dresden
Tel.: (03 51) 4 62-31 01, Fax: (03 51) 4 62-21 85
Internet: http://www.htw-dresden.de
Studiengänge: Architektur, Landespflege/Landschaftsgestaltung

Fachhochschule Düsseldorf
Universitätsstraße Geb. 23.31/32
40225 Düsseldorf
Tel.: (02 11) 81-0, Fax: (02 11) 81-1 50 49
Internet: http://www.fh-duesseldorf.de
Studiengänge: Architektur, Innenarchitektur

Fachhochschule Erfurt
Altonaer Straße 25a, 99085 Erfurt
Tel.: (03 61) 67 00-7 00, -7 01, Fax: (03 61) 67 00-7 03
Internet: http://www.fh-erfurt.de
Studiengänge: Architektur, Landschaftsarchitektur

Fachhochschule Frankfurt am Main
Nibelungenplatz, 60318 Frankfurt am Main
Tel.: (0 69) 15 33-0, Fax: (0 69) 15 33-24 00
Internet: http://www.fh-frankfurt.de
Studiengang: Architektur

Fachhochschule Gießen-Friedberg
Wiesenstraße 14, 35390 Gießen
Tel.: (06 41) 3 09-0, Fax: (06 41) 3 09-29 01
Internet: http://www.fh-giessen.de
Studiengang: Architektur

Fachhochschule Hamburg
Winterhuder Weg 29, 22085 Hamburg
Tel.: (0 40) 4 28 63-0
Fax: (0 40) 4 28 63-39 05, -32 17
Internet: http://www.fh-hamburg.de
Studiengang: Architektur

Fachhochschule Hannover
Ricklinger Stadtweg 118, 30459 Hannover
Tel.: (05 11) 9 29 61 52
Internet: http://www.fh-hannover.de
Studiengänge: Architektur, Innenarchitektur

Fachhochschule Heidelberg – Staatlich anerkannte Fachhochschule der SRH-Gruppe in privater Trägerschaft
Bonhoefferstraße 1, 69123 Heidelberg
Tel.: (0 62 21) 88-25 67, Fax: (0 62 21) 88-27 87
Internet: http://www.fh-heidelberg.de
Studiengang: Architektur

Fachhochschule Hildesheim-Holzminden – Hochschule für Angewandte Wissenschaft und Kunst
Hohnsen 4, 31134 Hildesheim
Tel.: (0 51 21) 8 81-0, Fax: (0 51 21) 8 81-1 25
Internet: http://www.fh-hildesheim.de
Studiengänge: Architektur, Innenarchitektur

Fachhochschule Kaiserslautern
Morlauterer Straße 31, 67657 Kaiserslautern
Tel.: (06 31) 37 24-0, Fax: (06 31) 37 24-1 05
Internet: http://www.fh-kl.de
Studiengänge: Architektur, Innenarchitektur

Fachhochschule Karlsruhe – Hochschule für Technik
Moltkestraße 30, 76133 Karlsruhe
Tel.: (07 21) 9 25-0, Fax: (07 21) 9 25-20 00
Internet: http://www.fh-karlsruhe.de
Studiengang: Architektur

Fachhochschule Kiel
Sokratesplatz 1, 24149 Kiel
Tel.: (04 31) 2 10-0, Fax: (04 31) 2 10-19 00
Internet: http://www.fh-kiel.de
Studiengang: Architektur

Muthesius-Hochschule – Fachhochschule für Kunst und Gestaltung
Lorentzendamm 6–8, 24103 Kiel
Tel.: (04 31) 51 98-4 00, Fax: (04 31) 51 98-4 08
Internet: http://www.muthesius.de
Studiengang: Architektur

Fachhochschule Koblenz
Finkenherd 4, 56075 Koblenz
Tel.: (02 61) 95 28-0, Fax: (02 61) 95 28-5 67
Internet: http://www.fh-koblenz.de
Studiengänge: Architektur und Stadtplanung

Fachhochschule Köln
Claudiusstraße 1, 50678 Köln
Tel.: (02 21) 82 75-1, Fax: (02 21) 82 75-31 31
Internet: http://www.fh-koeln.de
Studiengang: Architektur

Fachhochschule Konstanz – Hochschule für Technik, Wirtschaft und Gestaltung
Brauneggerstraße 55, 78462 Konstanz
Tel.: (0 75 31) 2 06-0, Fax: (075 31) 2 06-4 00
Internet: http://www.fh-konstanz.de
Studiengang: Architektur

Fachhochschule Lausitz
Großenhainer Straße 57, 01968 Senftenberg
Tel.: (0 35 73) 85-0, Fax: (0 35 73) 85-2 09
Internet: http://www.fh-lausitz.de
Studiengang: Architektur

Hochschule für Technik, Wirtschaft und Kultur Leipzig (FH)
Karl-Liebknecht-Straße 132, 04277 Leipzig
Tel.: (03 41) 3 07-60, Fax: (03 41) 3 07-64 56
Internet: http://www.htwk-leipzig.de
Studiengang: Architektur

Fachhochschule Lippe
Liebigstraße 87, 32657 Lemgo
Tel.: (0 52 61) 7 02-0, Fax: (0 52 61) 7 02-2 22
Internet: http://www.fh-lippe.de
Studiengänge: Architektur, Innenarchitektur

Fachhochschule Lübeck
Stephensonstraße 3, 23562 Lübeck
Tel.: (04 51) 3 00-6, Fax: (04 51) 3 00-51 00
Internet: http://www.fh-luebeck.de
Studiengang: Architektur

Hochschule Magdeburg-Stendal (FH)
Breitscheidstraße 2, 39114 Magdeburg
Tel.: (03 91) 8 86-30, Fax: (03 91) 8 86-41 04
Internet: http://www.hs-magdeburg.de
Studiengang: Architektur

Fachhochschule Mainz
Seppel-Glückert-Passage 10, 55116 Mainz
Tel.: (0 61 31) 23 92-0, Fax: (0 61 31) 23 92-12
Internet: http://www.fh-mainz.de
Studiengänge: Architektur, Innenarchitektur

Fachhochschule München
Lothstraße 34, 80335 München
Tel.: (0 89) 12 65-0, Fax: (0 89) 12 65-14 90
Internet: http://www.fh-muenchen.de
Studiengang: Architektur

Fachhochschule Münster
Hüfferstraße 27, 48149 Münster
Tel.: (02 51) 83-0, Fax: (02 51) 83-6 40 60
Internet: http://www.fh-muenster.de
Studiengang: Architektur

Fachhochschule Neubrandenburg
Brodaer Straße 2, 17033 Neubrandenburg
Tel.: (03 95) 56 93-0, Fax: (03 95) 56 93-1 99
Internet: www.fh-nb.de
Studiengang: Landschaftsarchitektur und Umweltplanung

Fachhochschule Nordostniedersachsen
Volgershall 1, 21339 Lüneburg
Tel.: (0 41 31) 6 77-0, Fax: (0 41 31) 6 77-5 11
Internet: http://www.fh-lueneburg.de
Studiengang: Architektur

Georg-Simon-Ohm Fachhochschule Nürnberg
Keßlerplatz 12, 90489 Nürnberg
Tel.: (09 11) 58 80-0, Fax: (09 11) 58 80-83 09
Internet: http://www.fh-nuernberg.de
Studiengang Architektur

Fachhochschule Nürtingen – Hochschule für Wirtschaft, Landwirtschaft und Landespflege
Neckarsteige 6-10, 72622 Nürtingen
Tel.: (0 70 22) 2 01-0, Fax: (0 70 22) 2 01-3 03
Internet: http://www.fh-nuertingen.de
Studiengang: Landschaftsarchitektur/Landschaftsplanung, Stadtplanung

Fachhochschule Oldenburg/Ostfriesland/Wilhelmshaven
Constantiaplatz 4, 26723 Emden
Tel.: (0 49 21) 8 07-0, Fax: (0 49 21) 8 07-10 00
Internet: http://www.fh-wilhelmshaven.de
Studiengang: Architektur

Fachhochschule Potsdam
Pappelallee 8–9, 14469 Potsdam
Tel.: (03 31) 5 80-00, Fax: (03 31) 5 80-29 99
Internet: http://www.fh-potsdam.de
Studiengang: Architektur und Städtebau

Fachhochschule Regensburg – Hochschule für Technik, Wirtschaft und Sozialwesen
Prüfeninger Straße 58, 93049 Regensburg
Tel.: (09 41) 9 43-0, Fax: (09 41) 9 43-14 22
Internet: http://www.fh-regensburg.de
Studiengang: Architektur

Fachhochschule Rosenheim – Hochschule für Technik und Wirtschaft
Marienberger Straße 26, 83024 Rosenheim
Tel.: (0 80 31) 8 05-0, Fax: (0 80 31) 8 05-1 05
http://www.fh-rosenheim.de
Studiengang: Innenarchitektur

Hochschule für Technik und Wirtschaft des Saarlandes
Goebenstraße 40, 66117 Saarbrücken
Tel.: (06 81) 58 67-0, Fax: (06 81) 58 67-1 22
Internet: http://www.htw-saarland.de
Studiengang: Architektur

Universität Gesamthochschule Siegen
(FH-Studiengang)
Herrengarten 3, 57072 Siegen
Tel.: (02 71) 7 40-1
Fax: (02 71) 7 40-48 99, -49 11
Internet: http://www.uni-siegen.de
Studiengang: Architektur

Fachhochschule Stuttgart – Hochschule für Technik
Schellingstraße 24, 70174 Stuttgart
Tel.: (07 11) 1 21-0, Fax: (07 11) 1 21-26 66
Internet: http://www.fht-stuttgart.de
Studiengänge: Architektur, Innenarchitektur

Fachhochschule Trier – Hochschule für Technik, Wirtschaft und Gestaltung
Schneidershof, 54293 Trier
Tel.: (06 51) 81 03-0, Fax: (06 51) 81 03-3 33
Internet: http://www.fh-trier.de
Studiengänge: Architektur, Innenarchitektur

Fachhochschule Weihenstephan
Am Hofgarten 4, 85354 Freising
Tel.: (0 81 61) 71-33 39
Fax: (0 81 61) 71-42 07
Internet: http://www.fh-weihenstephan.de
Studiengang: Landschaftsarchitektur

Fachhochschule Wiesbaden
Kurt-Schumacher-Ring 18, 65197 Wiesbaden
Tel.: (06 11) 94 95-01, Fax: (06 11) 44 46 96
Internet: http://www.fh-wiesbaden.de
Studiengänge: Architektur, Innenarchitektur, Landespflege/Landschaftsgestaltung

Hochschule Wismar – Fachhochschule für Technik, Wirtschaft und Gestaltung
Philipp-Müller-Straße, 23966 Wismar
Tel.: (0 38 41) 7 53-0, Fax: (0 38 41) 7 53-3 83
Internet: http://www.hs-wismar.de
Studiengänge: Architektur, Innenarchitektur

Fachhochschule Würzburg-Schweinfurt
Münzstraße 12, 97070 Würzburg
Tel.: (09 31) 35 11-0, Fax: (09 31) 35 11-1 59
Internet: http://www.fh-wuerzburg.de
Studiengang: Architektur

Hochschule Zittau/Görlitz (FH)
Theodor-Körner-Allee 16, 02763 Zittau
Tel.: (0 35 83) 61-0, Fax: (0 35 83) 51 06 26
Internet: http://www.ha-zigr.de
Studiengang: Architektur

Westsächsische Hochschule Zwickau (FH)
Dr.-Friedrichs-Ring 2a, 08056 Zwickau
Tel.: (0 37 65) 5 36-0
Fax: (0 37 65) 5 36-10 11, -11 27
Internet: http://www.fh-zwickau.de
Studiengang: Architektur

2 Kammeranschriften und andere Adressen

Bundesarchitektenkammer
Askanischer Platz 4, 10963 Berlin
Tel.: (0 30) 26 39 44-0, Fax: (0 30) 26 39 44-90
Internet: http://www.bak.de

Architektenkammer Baden-Württemberg
Danneckerstraße 54, 70182 Stuttgart
Tel.: (07 11) 2 19-60, Fax: (07 11) 2 19-61 03
Internet: http://www.architektenkammer-bw.de

Bayerische Architektenkammer
Waisenhausstraße 4, 80637 München
Tel.: (0 89) 13 98 80-0, Fax: (0 89) 13 98 80-99
Internet: http://www.byak.de

Architektenkammer Berlin
Karl-Marx-Allee 78, 10243 Berlin
Tel.: (0 30) 29 33 07-0, Fax: (0 30) 29 33 07-16
Internet: http://www.ak-berlin.de

Brandenburgische Architektenkammer
Kurfürstenstraße 52, 14467 Potsdam
Tel.: (03 31) 2 75 91-0, Fax: (03 31) 29 40 11

Architektenkammer der Freien Hansestadt Bremen
Geeren 41 / 43, 28195 Bremen
Tel.: (04 21) 17 00 07, Fax: (04 21) 30 26 92
Internet: http://www.architektenkammer-bremen.de

Hamburgische Architektenkammer
Grindelhof 40, 20146 Hamburg
Tel.: (0 40) 44 18 41-0, Fax: (0 40) 44 18 41-44
Internet: http://www.ak-hh.de

Architektenkammer Hessen
Mainzer Straße 10, 65185 Wiesbaden
Tel.: (06 11) 17 38-0, Fax: (06 11) 17 38-40
Internet: http://www.akh.de

Architektenkammer Mecklenburg-Vorpommern
Karl-Marx-Straße 32, 19055 Schwerin
Tel.: (03 85) 5 90 79-0, Fax: (03 85) 5 90 79 -30
Internet: http://www.architektenkammer-mv.de

Architektenkammer Niedersachsen
Friedrichswall 5, 30159 Hannover
Tel.: (05 11) 28 09-60, Fax: (05 11) 28 09-6 27
Internet: http://www.aknw.de

Architektenkammer Nordrhein-Westfalen
Inselstraße 27, 40479 Düsseldorf
Tel.: (02 11) 4 96 70, Fax: (02 11) 4 91 14 75
Internet: http://www.aknw.de

Architektenkammer Rheinland-Pfalz
Hindenburgplatz 2-6, 55118 Mainz
Tel.: (0 61 31) 99 60-0, Fax: (0 61 31) 61 49 26
Internet: http://www.akrp.de

Architektenkammer des Saarlandes
Neumarkt 11, 66117 Saarbrücken
Tel.: (06 81) 5 43 43, Fax: (06 81) 58 36 68
Internet: http://www.aksaarland.de

Architektenkammer Sachsen
Goetheallee 37, 01309 Dresden
Tel.: (03 51) 31 74 60 oder 3 10 53 01, Fax: (03 51) 3 11 12-86
Internet: http://www.aksachsen.org

Architektenkammer Sachsen-Anhalt
Fürstenwall 3, 39104 Magdeburg
Tel.: (03 91) 5 36 11-0, Fax: (03 91) 56 19 29-6

Architekten- und Ingenieurkammer Schleswig-Holstein
Düsternbrooker Weg 71, 24105 Kiel
Tel.: (04 31) 5 70 65-0, Fax: (04 31) 5 70 65-25
Internet: http://www.aik-sh.de

Architektenkammer Thüringen
Bahnhofstraße 39, 99084 Erfurt
Tel.: (03 61) 21 05-00, Fax: (03 61) 21 05-0 50
Internet: http://www.architekten-thueringen.org

Bund Deutscher Architekten
Ippendorfer Allee 14b, 53127 Bonn
Tel.: (02 28) 28 50 11, Fax (02 28) 28 54 65
Internet: http://www.

Bund Deutscher Baumeister, Architekten und Ingenieure
Wildenowstraße 6, 12203 Berlin
Tel.: (0 30) 84 18 97-0, Fax: (0 30) 84 18 97-22
Internet: http://www.baumeister-online.de

Bund Deutscher Innenarchitekten
Königswintererstraße 675, 53227 Bonn
Tel.: (02 28) 44 24 14, Fax: (02 28) 44 43 87
Internet: http://www.architekt.de/bdia

Bund Deutscher Landschaftsarchitekten
Köpenicker Straße 48/49, 10179 Berlin
Tel.: (0 30) 27 87 15-0, Fax: (0 30) 27 87 15-55
Internet: http://www.bdla.de

Vereinigung Freischaffender Architekten
Turmstraße 33, 10551 Berlin
Tel.: (0 30) 39 49 40-19, Fax: (0 30) 39 49 40-39
Internet: http://www.vfa-architekten.de

Die Entwürfe für die „Alte Tuchfabrik" (S. 18 ff.) wurden der Verfasserin freundlicherweise vom Architekturbüro Quintiliani zum Abdruck zur Verfügung gestellt:

Architekturbüro Quintiliani & Quintiliani
Antonio Quintiliani, Dipl-Ing. Architekt und Silvia Quintiliani, Dipl-Ing. Innenarchitektin
Friedrich-Engels-Allee 273a, 42285 Wuppertal

3 Literaturhinweise

abi-Berufswahlmagazin

BDIA Innenarchitektur Handbuch. Hrsg. vom Bund Deutscher Innenarchitekten e.V. Bonn.

Blätter zur Berufskunde: Heft 3-IN 01 „Diplom-Ingenieur/in Architektur". Hrsg.: Bundesanstalt für Arbeit. Nürnberg.

Blätter zur Berufskunde: Heft 2-IN 10 „Diplom-Ingenieur/in (Fachhochschule) Architektur". Hrsg.: Bundesanstalt für Arbeit. Nürnberg.

Förderungsmöglichkeiten für Studierende. Hrsg.: Deutsches Studentenwerk e.V. Bonn 2000.

Blätter zur Berufskunde: Heft 3-IN 05 „Diplom-Ingenieur/in Raumplanung". Hrsg.: Bundesanstalt für Arbeit. Nürnberg.

Glancey, Jonathan: Modern – 100 Jahre Wohndesign. München 2000.

Henning, Wolfgang: Studienführer Bauingenieurwesen. Würzburg 2000.

Koepf, Hans: Bildwörterbuch der Architektur. Stuttgart 1999.

Müller, Werner; Vogel, Gunther: dtv-Atlas Baukunst. 2 Bände. 11. Aufl. München 1997.

Pahl, Jürgen: Architekturtheorie des 20. Jahrhunderts. Zeit-Räume. München 1998.

Pevsner, Nikolaus: Europäische Architektur von den Anfängen bis zur Gegenwart. München 1997.

Richter, Klaus: Architektur des 20. Jahrhunderts. München 2000.

Studien- und Berufswahl. Hrsg.: Bundesanstalt für Arbeit (erscheint jährlich neu).

Studienführer Österreich, Schweiz. Hrsg.: DAAD Deutscher Akademischer Austauschdienst. Bielefeld 2000.

Vähning, Katharina: Karrieren unter der Lupe: Architekten, Innenarchitekten, Bauingenieure. Würzburg 2001.

Zacharias, Gerhard: Wie finde ich meinen Studienplatz? 3., überarbeitete und erweiterte Auflage. Würzburg 1998.

Fachzeitschriften

Arch+. Diskurszeitschrift. Aachen. 4 Hefte/Jahr. http://www.archplus.baunetz.de

Der Architekt. Zeitschrift des Bundes Deutscher Architekten BDA. Köln. 12 Hefte/Jahr. http://www.bda.baunetz.de

AIT. Architektur, Innenarchitektur, Technischer Ausbau. Leinfelden-Echterdingen. 10 Hefte/Jahr + 4 Ausgaben AIT-Spezial. http://www.ait-online.de

Baumeister. Zeitschrift für Architektur. München. 12 Hefte/Jahr. http://www.baumeister.de

Bauwelt. Architektur-Wochenzeitschrift. Gütersloh. 48 Hefte/Jahr. http://www.bauwelt.de bzw. http://www.baunetz.de

DAB. Deutsches Architektenblatt. Zeitschrift der Bundesarchitektenkammer. Stuttgart. 12 Hefte/Jahr.

DBZ. Deutsche Bauzeitschrift. Fachblatt für Architektur, Entwurf, Detail. Gütersloh. 12 Hefte/Jahr. http://www.dbz-online.de

4 Stichwortverzeichnis